MW01068290

Elogios para
La batalla de cada mujer y su matrimonio

«¡Por fin una discusión franca y penetrante acerca de las perspectivas, expectativas y comportamientos que dañan las relaciones matrimoniales! Con la experiencia que tiene Shannon en integridad sexual y emocional, y la perspectiva masculina de Greg, *La batalla de cada mujer y su matrimonio* ofrece una guía práctica para volver a encender la intimidad y la pasión que desea toda mujer».

GINGER KOLBABA, editora ejecutiva de la revista *Marriage Partnership* y autora de *Surprised by Remarriage*

«Este libro arroja luz sobre las frecuentes y tácitas sensibilidades y problemas con los que luchan las mujeres. No solo está bien escrito, sino que libera y refresca con sus principios sólidos a fin de lograr superar las cosas que quieren impedirnos experimentar la plenitud de gozo que forma parte del plan global de Dios para nuestras vidas».

MICHELLE MCKINNEY HAMMOND, autora de *In Search of the Proverbs 31 Man* y *The Unspoken Rules of Love*

«En la cultura permisiva actual, nos resulta peligrosamente fácil, incluso a las mujeres con más altos principios, dar lugar a pensamientos, actitudes y flirteos malsanos con hombres que no son nuestros esposos. En *La batalla de cada mujer y su matrimonio*, Shannon Ethridge traza una línea en la arena con valor y respeto. Es un libro indispensable para toda mujer que desee una verdadera intimidad e integridad sexual».

CONSTANCE RHODES, autora de *Life Inside the «Thin» Cage*

«Hay un mito muy común, casi victoriano, que dice que las mujeres en realidad no luchan con el pecado sexual. Ese mito hace que muchas mujeres sientan una doble vergüenza. La vergüenza de la lucha en la esfera sexual se agrava por la suposición de que pocas mujeres, si es que las hay, se enfrentan a la misma batalla. Con astucia e ingenio, Shannon Ethridge pone al descubierto la guerra y ofrece a las mujeres un camino para entrar en esta batalla con valor, esperanza y gracia. *La batalla de cada mujer y su matrimonio* ayudará tanto a hombres como a mujeres a comprender la belleza y la sensualidad gloriosas de la santidad. Es un libro que se necesita con urgencia».

Dr. Dan B. Allender, presidente de *Mars Hill Graduate School*
y autor de *The Healing Path* y *To Be Told*

«Si te pareces a mí, deseas una conexión lo más profunda posible con tu esposo. Quieres una conexión de alma a alma que no la obstaculice nada capaz de dañarla. Y descubrirás que el libro de Shannon es inmensamente útil para lograrlo. *La batalla de cada mujer y su matrimonio* es el mejor recurso que conozco para aceptar el plan que Dios tiene en cuanto a la integridad sexual y emocional como mujer».

Leslie Parrott, autora de *When Bad Things Happen to Good Marriages*

«Muchas de las lectoras de *Mujeres malas de la Biblia* han confesado entre lágrimas sus luchas con pecados sexuales: la promiscuidad, el adulterio y la gratificación propia, entre ellos. Ya que no podemos esperar que las mujeres cristianas no enfrenten estas tentaciones, es un alivio tener un recurso sólido como este para recomendar. El enfoque directo, imparcial y detallado de Shannon Ethridge puede ayudar a las mujeres a ponerse al día de la mejor manera posible, a través de una relación íntima con el Amante de sus almas».

Liz Curtis Higgs, autora de los éxitos de librería
Mujeres malas de la Biblia, *Más mujeres malas de la Biblia*
y *María la Loca: Una mujer mala de Magdala*

Shannon y Greg Ethridge

introducción de Stephen Arterburn y Fred Stoeker

la batalla de cada mujer y su matrimonio

Aviva el gozo y la pasión que ambos desean

Unilit

Publicado por
Unilit
Medley, FL 33166

© 2009 Editorial Unilit (Spanish translation)
Primera edición 2009
Primera edición 2015 (Serie Favoritos)

© 2006 por Shannon Ethridge
Originalmente publicado en inglés con el título:
Every Woman's Marriage por Shannon and Greg Ethridge.
Publicado por WaterBrook Press, un sello de
The Crown Publishing Group,
una división de Random House, Inc.
12265 Oracle Boulevard, Suite 200
Colorado Springs, Colorado 80921 USA
Publicado en español con permiso de WaterBrook Press,
un sello de *The Crown Publishing Group*, una división de Random House, Inc.
(This translation published by arrangement with WaterBrook Press, an imprint of
The Crown Publishing Group, a divison of Random House, Inc.)

Todos los derechos de publicación con excepción del idioma inglés son contratados
exclusivamente por GLINT, P. O. Box 4060, Ontario, California 91761-1003, USA.
(All non-English rights are contracted through: Gospel Literature International,
PO Box 4060, Ontario, CA 91761-1003, USA.)

Fotografía de la portada: Image © 2009 Yuri Arcurs
Ilustraciones de interior: Image © 2009 Larry Almonte; Image © 2009 Broukoid.
Used under license from Shutterstock.com

Los nombres y detalles en algunas de las historias y anecdotas fueron cambiados para proteger la identidad de los personajes.

Le agradecemos a HarperCollins Publishers por permitirnos usar extractos del libro *The Proper Care and Feeding of Husbands* [Cómo cuidar y tener contento al esposo], © 2004 por la Dra. Laura Schlessinger.

Reservados todos los derechos. Ninguna porción ni parte de esta obra se puede reproducir, ni guardar en un sistema de almacenamiento de información, ni transmitir en ninguna forma por ningún medio (electrónico, mecánico, de fotocopias, grabación, etc.) sin el permiso previo de los editores.

A menos que se indique lo contrario, el texto bíblico ha sido tomado de la Santa Biblia, Nueva Versión Internacional ® NVI®. Propiedad literaria © 1999 por Biblica, Inc. ™. Usado con permiso. Reservados todos los derechos mundialmente.
Las citas bíblicas señaladas con LBD se tomaron de la Santa Biblia, *La Biblia al Día*. © 1979 por la Sociedad Bíblica Internacional.
Las citas bíblicas señaladas con LBLA se tomaron de LA BIBLIA DE LAS AMERICAS®
Copyright (c) 1986, 1995, 1997 por The Lockman Foundation
Usadas con permiso. www.lbla.org.
Usadas con permiso.

Producto 497004 • ISBN 0-7899-2229-0 • ISBN 978-07899-2229-8

Impreso en Colombia /*Printed in Colombia*

Categoría: Vida cristiana /Relaciones /Amor y matrimonio
Category: Christian Living /Relationships /Love & Marriage

Este libro está dedicado a nuestros padres: James y Joan Phillips y Jay y Wanda Ethridge, que en conjunto han estado casados casi cien años. Qué afortunados hemos sido por tener sus ejemplos de amor incondicional y de compromiso a seguir.

contenido

Reconocimientos 9
Introducción de Stephen Arterburn y Fred Stoeker 11

Primera parte: Cuando los corazones se enfrían

1. Esposas desesperadas, esposos desesperados 19
2. Los tiempos de desesperación requieren medidas desesperadas 31

Segunda parte: Miremos el panorama general

3. ¿Apagados o en calentamiento? 47
4. Un regalo mayor que el esperado 55
5. El ministerio del matrimonio 69

Tercera parte: Cómo muere su llama de gozo y pasión

6. Las jugarretas de las mujeres 81
7. La travesía por las escaleras mecánicas emocionales 91
8. El abandono de la línea de banda 101
9. La comparación de manzanas con naranjas 111
10. Casado con la Sra. (Siempre) Perfecta 121

Cuarta parte: Enciende su llama de nuevo

11. Lo que los hombres más desean (de verdad) 135
12. R-E-S-P-E-T-O 141
13. Una pelea justa 155
14. Un refugio seguro 169

Quinta parte: Cómo le arrojas leña al fuego

15. Haz arder su corazón 183
16. La conexión mental y física 189
17. La conexión espiritual y emocional 201
18. Las preguntas candentes de él y de ella.......................... 215
19. Cuando usamos bien los botones 229

Notas 235

reconocimientos

Lisa y Randy Cooper, Charles y Martha Squibb, Bob y Kathleen Gray, Linda y Jarratt Major: han sido los amigos y mentores que más nos han alentado a lo largo del camino y han sido un ejemplo de lo que es el matrimonio bíblico. Gracias por su ejemplo tan inspirador del genuino amor de Dios y del amor mutuo.

Dr. Tom Haygood: gracias por tener la misma pasión que tenemos por la salud del matrimonio y por ayudarnos a construir un matrimonio mucho más saludable. Que su ministerio y su profesión como terapeuta sigan llevando mucho fruto para Dios.

Julianne Davis: estamos agradecidos por las tantas veces que te has puesto al lado de Shannon en muchos momentos clave de nuestras vidas. Eres una bendición.

Karen Schulze, Betsy Smith, Dr. James McDaniel y pastor Bob Smith: gracias por las primeras revisiones de partes de este manuscrito o de su totalidad. Su crítica constructiva y su aliento nos infundieron mucha confianza para seguir adelante.

A los esposos y esposas de la iglesia *Garden Valley Bible*, de *Mercy Ships International*, y de los ministerios *Teen Mania*, así como a los visitantes de la página Web *Shannon Ethridge Ministries* (www.shannonethridge.com): gracias por contar sus testimonios que ilustran de manera tan vívida los problemas que enfrenta la mayoría de las parejas casadas. Este libro les pertenece tanto como a nosotros.

Becky y Dan DeGroat, Jill y Kerry Peterson, Shelly y Mickey Lewis: gracias por hacer todo lo necesario para que fuera posible la conferencia *Taking Your Marriage Over the Top* [Lleva tu matrimonio a la cima]. Fue una verdadera experiencia de aprendizaje para todos y proporcionó mucho material para este manuscrito.

A nuestros amigos y colaboradores de *WaterBrook Press*, de *Muntsinger* y *McClure Public Relations* y de *Pure Publicity*: ni remotamente hubiéramos podido alcanzar a tantas parejas si no hubiéramos estado asociados con ustedes. Gracias por las cosas increíbles que hacen para poner en las manos de la gente de todo el mundo los libros *La batalla de cada hombre* y *La batalla de cada mujer*. El compromiso que tienen con la excelencia glorifica en verdad a Dios.

Liz Heaney: no podemos imaginar lo que sería escribir un libro sin tu asistencia editorial increíblemente perspicaz. Gracias por hablar la verdad con tanto amor. ¡Tú y Casey son de lo mejor!

A todos los amigos que nos mantuvieron en oración mientras escribíamos este libro: les damos gracias por golpear las puertas del cielo en nuestro favor y por interceder por las parejas casadas de todas partes.

Por último, pero lo más importante, deseamos reconocer que tú, Jesús, eres el cemento que nos mantiene juntos. Gracias por enseñarnos, mediante el ejemplo, a cómo amarnos sin límites.

introducción

De Fred Stoeker

En un matrimonio hay mucho en juego, ¿no es así? Cuando te detienes a pensarlo, te sorprendes. Tal vez, esta sea la verdad que ha impedido que tires tu matrimonio al cubo de la basura llamado «Tiempo perdido» y hayas emprendido una nueva búsqueda para mejorar la relación. En ocasiones, el corazón de un cónyuge puede parecer duro.

Sin embargo, me pregunto cuántas veces algunas parejas huyen corriendo del matrimonio sin darse cuenta de lo duro que son sus propios corazones. A mí me resulta difícil mirarme al espejo y descubrir un corazón duro. Cuando Brenda me dijo hace años que mi corazón estaba endurecido, no pude verlo hasta que me sentó en la cocina, me miró directo a los ojos y tiró abajo mi mundo con estas palabras: «No sé cómo decírtelo, así que te lo diré sin rodeos. Lo que siento por ti ha muerto».

Su declaración me tomó por sorpresa. Era la dulce muchacha que Dios mismo había escogido para mí. Era mi esposa, y todos mis anhelos y sueños estaban ligados a ella. Hubiera hecho cualquier cosa en su favor. ¿Cómo era posible que sintiera algo así?

Luego de su declaración contundente, le hice algunas preguntas.

—Cariño, ¿cómo es esto? ¿Todavía me amas?

—Sí —dijo—. Todavía te amo.

—Si el amor no se ha ido, ¿cómo es posible que lo que sientes por mí haya muerto?

Brenda no pudo explicarlo y esto me dejó confundido. Durante la siguiente semana, venían a mí oleadas de pánico que me arrasaban cuando me encontraba desprevenido. Por último un día, al entrar en la cocina para buscar un vaso de leche, las lágrimas se me agolparon en los ojos otra vez. Luego de servirme un vaso, me quedé largo rato sin hacer otra cosa más que mirar al refrigerador con los ojos llenos de lágrimas. Luego, señalé al cielo mientras declaraba: «Dios, aunque me las vea negras, no me divorciaré».

Aquel fue el día en que suavicé mi corazón, el día en que supe que era hora de pagar un precio real, uno mucho más profundo que el que jamás hubiera considerado pagar. Dios dijo en Efesios 5 que debo entregar mi vida por mi matrimonio, tal como Él entregó su vida por su Esposa, la Iglesia. Ni siquiera había comenzado a acercarme a semejante sacrificio.

Elevé esa declaración desesperada a Dios hace veinte años. Hace poco, un diácono me dijo: «Fred, solo conozco a dos parejas que disfrutan de un nivel de intimidad que les permite hablar entre ellos absolutamente acerca de todo, incluso de sus pecados, sin temor y con completo amor. Brenda y tú son una de ellas».

¿Cómo pasamos de esa condición a la actual? *La batalla de cada hombre y su matrimonio* cuenta la historia de cómo en un tiempo pensaba que el liderazgo matrimonial significaba que yo era el que nunca debía cambiar, hasta que aprendí que para ser líder necesito realizar más cambios en mí de lo que soñara jamás. Se trata de tener el honor de ser el que da el ejemplo, el más rápido de la casa para descubrir los defectos en su corazón y cambiarlos antes de ofender a su esposa hasta lo más íntimo de su alma.

He visto a hombres que leyeron *La batalla de cada hombre y su matrimonio* y dieron vuelta sus matrimonios al poner en su lugar los principios. Sin embargo, también he oído a otros decir: «Fred, estoy de acuerdo con su libro y creo que tengo que cambiar algunas cosas en la manera en que trato a la gente que me rodea, en especial a mi esposa. Debo admitir que ella me señaló algunas de estas cosas antes de que usted lo hiciera, pero no la escuché.

»Estoy listo para escuchar y espero que mi esposa también lo esté. Yo también le he dicho algunas cosas que ella no escucha. ¿Conoce algún libro que me pueda recomendar que hable acerca de la otra parte del problema?».

Sí, y es el que tienes en las manos. Si algo hemos aprendido con Brenda a lo largo del camino, es que en el matrimonio hay que afirmar que no lo hace. Por lo tanto, te dejo con un desafío. Lee este libro con gran expectativa. Luego, ten paciencia y ve lo que puede hacer Dios.

Por último, gracias por permitir que Shannon y Greg te guíen a mirarte a ti y a tu matrimonio con nuevos ojos. Espero que te guste lo que veas.

PRIMERA PARTE

cuando los corazones se enfrían

esposas desesperadas, esposos desesperados

«¡No satisfaces mis necesidades emocionales!»

Luego de siete años de matrimonio, pensaba de verdad en dejar a Greg y a mis dos hijitos para ir en busca del «amor» al que creía tener derecho, pero que me parecía que no recibía en nuestra relación. No tenía idea de adónde iría ni de cómo me las arreglaría por mi cuenta, pero no estaba segura de poder sobrevivir dentro de un matrimonio sin vida. Sentía que no era nada más que una criada, cocinera, niñera y un ocasional desahogo para la tensión sexual, trabajos por los que recibía una mala paga.

No podía imaginar cómo se había enfriado tanto mi corazón hacia mi esposo. Nos conocimos el 21 de abril de 1989, cuando visité el grupo de solteros de una iglesia para pasar una noche de juegos. Aunque no creo en el amor a primera vista, de seguro que Greg atrapó mi atención esa noche al sobresalir por encima de los demás muchachos (literalmente, ya que mide un metro noventa). Cada vez que debíamos formar parejas para otro juego, tenía la esperanza de que Greg y yo termináramos juntos, pero no tuve esa suerte. Sin embargo, comenzamos a entrar en calor entre nosotros a medida que nos íbamos conociendo en los meses siguientes, y ese verano empezamos a salir como novios. Todas las mañanas caminaba por el vecindario mientras oraba: *Señor, quiero casarme con el que tú quieras, pero si buscas mi opinión, ¡me gustaría que fuera Greg!*

Pronto me sentí ciento diez por ciento segura de que Greg era el hombre con el que deseaba pasar el resto de mi vida. Cuando nos acercábamos al día de Acción de Gracias, estaba desesperada por escucharlo lanzar la pregunta, y por fin lo hizo justo antes de Navidad. Dijo: «Tú planea la boda y yo planeo la luna de miel». Me pareció grandioso.

Nos casamos el 21 de abril de 1990, justo un año después de conocernos. Hasta mi padre sabía que Greg era, sin duda, la persona para mí. Mientras caminábamos hacia el altar, me dijo: «Ni se te ocurra cambiar de parecer, ¡o tendré que ponerte un revólver en la espalda!». El pensamiento de cambiar de parecer nunca me pasó por la mente. Esto era demasiado bueno para ser verdad y no iba a echarlo a perder.

Sin embargo, antes de que terminara la luna de miel, los sentimientos de descontento mostraron sus horribles cabezas. Greg había planeado un viaje de cinco días a *Walt Disney World*, seguido por un fin de semana en Clearwater Beach, Florida. La primera mañana que desperté en Orlando, estaba hecha polvo debido a todos los festejos de la boda y del viaje. Lo único que quería era bajar las persianas, subir las colchas y disfrutar de algunas horas más de sueño. Sin embargo, me desperté cuando Greg se sentó en el borde de la cama, duchado, afeitado, vestido y listo para salir a las siete de la mañana. «¡Vamos! ¡Levántate! ¡Vayamos a desayunar con Mickey!», dijo con un tono convincente.

Cedí y me arrastré hacia la ducha a esa hora infame de la mañana. Entonces, después de dos horas de seguir las zancadas de Greg que trotaban por todo *Epcot Center* de un entretenimiento al otro, con mis piernas regordetas al galope para seguirlo, lo amenacé con regresar sola a la habitación del hotel. Trató de bajar la marcha mientras reprimía su entusiasmo y yo traté de calmarme mientras contenía las ganas de quejarme en cuanto a los lugares que eligió para la luna de miel. Aunque fue divertido y nos quedaron algunos recuerdos fabulosos, la idea que tenía de una luna de miel romántica y relajada no era la de correr a gran velocidad por todo el mundo de Walt Disney. Toda la semana esperé con ansias que llegara el momento de estar acostada en las playas de Clearwater y de no hacer otra cosa más que holgazanear juntos al sol como marido y mujer.

Sin embargo, ese fin de semana no disfrutaríamos del sol. Llegamos a Clearwater Beach en medio de una tormenta de viento y de un frente frío que hizo bajar la temperatura por debajo de los diez grados. Como pensaba que no pasaríamos mucho tiempo adentro, Greg reservó una pequeña habitación cuadrada, pero no podíamos salir mucho ya que solo llevamos ropa adecuada para el calor. Lo que más hicimos fue ver películas y comer sobras de pizza. La atmósfera (o la falta de ella), el agotamiento y la desilusión llegaron a superarme. No recuerdo qué dijimos, solo cómo lo dijimos. Greg y yo tuvimos nuestra primera pelea seria antes de regresar de la luna de miel. No podía creer que no se hubiera fijado en el pronóstico del tiempo antes de ir y que ni siquiera me hubiera consultado con respecto a cuál era mi idea de una luna de miel. Greg, por otra parte, no podía creer que yo fuera tan insensible como para enojarme con él, debido a que solo quería sorprenderme y deleitarme.

Por supuesto, yo no iba a permitir que una pequeña discusión arruinara el matrimonio. Greg era un cristiano comprometido y líder del grupo de jóvenes, lo que me inspiró a comenzar a trabajar también entre los jóvenes. Era divertido y aventurero, y me llevó a varios viajes grupales en los que íbamos a esquiar, a hacer excursionismo con mochila y submarinismo. Era inteligente y tenía estabilidad financiera, era graduado de la Universidad Metodista del Sur y contador público. Era muy relajado y tenía una reputación de ser tan agradable que nadie se enojaba con él. Es decir, nadie excepto yo.

Después de siete años y de dos hijos, molestaba de continuo a Greg por no iniciar más el romance y por ser demasiado tranquilo. Tenía una larga lista de quejas: Nunca me llevaba a ningún lugar romántico, ni se ofrecía a llevarme a cenar. No enviaba tarjetas, ni traía flores. Estaba cansada de tener que lanzar indirectas para que se satisficieran mis necesidades emocionales, y me parecía que no valía si a él no se le ocurría cómo hacerlo por su cuenta. Estaba harta y cansada de andar siempre recogiendo juguetes, sonándoles las narices y limpiándoles los traseros a los niños, limpiando las galletitas y los cereales de los asientos del coche, con la sensación de que la vida debía tener algo más.

Cada día que pasaba, me hundía más en la depresión. Al volver la vista atrás, me doy cuenta de que mi infelicidad no tenía que ver con lo que mi esposo hacía o no; más bien se trataba de cómo me sentía conmigo misma. Necesitaba que Greg me diera su aprobación, me hiciera sentir hermosa y me convenciera de que era deseable, porque no sabía cómo sentir ninguna de estas cosas por mi cuenta. Sin embargo, en ese tiempo estaba segura de que él tenía la culpa.

No soy ni la primera ni la única esposa que sienta esto. Es más, sé de muchas mujeres que sienten una profunda insatisfacción con sus esposos y sus matrimonios.

Historias de descontento

Hace catorce años que Ramona está casada. En algún momento, pensó que se había casado con el Sr. Adecuado, pero los sentimientos de temor, amargura y rechazo han salido a la superficie mientras ella y su esposo luchan por entenderse. Él casi nunca está en casa y la deja sola la mayor parte del tiempo para que críe a cuatro niños. Han tenido muy poco romance y muy poco tiempo el uno para el otro. A él lo consume su trabajo y su estatus financiero, y a ella la consumen los hijos y el trabajo que, según admite, es un verdadero desahogo en el que otros satisfacen sus necesidades emocionales. Las obligaciones de la iglesia, los deportes y las actividades extracurriculares de los niños también le quitan una inmensa cantidad de tiempo y energía. Ramona se siente abrumada por la falta de gozo y ardor en su relación, y nos dice:

> Parece que mi esposo no puede expresar cuánto significo para él y dice que se debe a la manera en que lo criaron y a que a los hombres les cuestan estas cosas. Me he sentido sola, engañada y vacía, y cuando otros hombres comienzan a halagarme, siento que muerdo el anzuelo, la línea y el plomo. He sido culpable de tener aventuras emocionales, pero siento que Dios quiere que sea fuerte y que permanezca en este matrimonio. He tratado de reconquistar a mi esposo y de cautivarlo, pero siempre parece que vivimos en mundos apartes. Estoy cansada

> de tratar de ser una súper mamá, una esposa y la líder espiritual en esta familia. ¿Cuándo llegará el momento en que él entre en acción y tome las riendas?

Por supuesto, la desilusión puede instalarse aun antes de que te sientas abrumada por la crianza de los hijos. Luego de tan solo un año de matrimonio, no cabe duda de que la realidad de Claire no está a la altura de sus expectativas. Se lamenta:

> Casi siempre estamos peleando o no hablamos demasiado. La palabra *divorcio* no se encuentra en nuestro vocabulario, pero a menudo pienso en cómo sería mi vida después de la muerte de mi esposo. Tengo una lista mental de los hombres con los que saldría. Es bastante larga. Todos han satisfecho distintas necesidades en diferentes momentos. Luego, pienso en lo maravilloso que sería ser soltera otra vez. Estaría mucho mejor sin su deuda con la universidad y sus calcetines sucios. Aun así, me casé con él por alguna razón. ¿Cuál era?

Es irónico, pero Claire también recuerda que era infeliz como mujer soltera y que pensaba que casándose resolvería todos sus problemas. Como lo ilustra su situación, lo único que logras cuando te libras de tu condición de soltera es intercambiar un conjunto de problemas por otro más complejo.

Algunas mujeres se aferran a la esperanza de que su infelicidad desaparecerá con el tiempo y que, de alguna manera, «mejorará» la vida. Como atestigua Helen, esta esperanza de encontrar por el camino una relación más satisfactoria, casi siempre se hace añicos:

> Parece que cada fase de nuestro matrimonio trae una nueva esperanza de que las cosas se arreglarán al tomar el siguiente giro. Seremos más felices cuando podamos comprar una casa... cuando tengamos hijos... cuando los hijos dejen los pañales... cuando mi esposo obtenga, por fin, ese ascenso que me permitirá quedarme en casa para ser solo esposa y madre... cuando nuestros hijos se marchen

> a la universidad... cuando ya no tengamos que pagar la universidad... cuando mi esposo y yo nos jubilemos. Casi todos los días, durante los últimos veinte años, he esperado un mañana más brillante, y para ser sincera, me pregunto si alguna vez tendremos el matrimonio que he anhelado siempre.

Algunas mujeres se sienten tan infelices, que consideran la posibilidad de apretar el botón eyector para marcharse y encontrar otro hombre. Tal era el caso de esta mujer, que firmó la carta que apareció en la columna del consultorio sentimental «Una relación infernal»:

> Después de tres años [de matrimonio], me siento espantosamente infeliz. Ya no estoy enamorada de mi esposo, aunque sí me preocupo por él. Mi hijo se siente loco de alegría aquí en los suburbios, con una familia compuesta por padre y madre, y con trece años, estaría muy vulnerable a los problemas emocionales si nos divorciáramos [...]
>
> ¿Debo quedarme con mi esposo que es mi amigo, pero no mi compañero del alma, hasta que mi hijo esté en la universidad (¡cinco años más!), aunque esto implique que fantasee con otro hombre mientras tenemos relaciones sexuales? ¿O debería irme con la esperanza de encontrar un hombre que esté disponible para amar?[1]

Debo preguntarme qué papel ha representado esta mujer en la socavación de su propia felicidad durante los tres años que lleva de casada. Si encontrara otro hombre «disponible para amar», lo más probable es que descubra que existe otro común denominador en todas sus relaciones: ella. En tanto el común denominador sea la infelicidad consigo misma, se sentirá infeliz en cualquier ecuación relacional.

El error que cometemos

Seamos realistas. Cuando nos ponemos ese anillo en el dedo, no sucede nada mágico. Si no somos felices antes de casarnos, lo más probable es que volvamos a no ser felices poco después de la luna de miel. El matrimonio no nos hace sentir mejor con respecto a nosotras mismas ni resuelve nuestros problemas a largo plazo. Ningún esposo puede ser el Príncipe Azul que nos rescate de todos nuestros problemas e inseguridades. En algún momento, debemos tomar las riendas y emprender la tarea de resolver nuestros problemas, remediar las inseguridades y estar felices con nosotras mismas antes de que podamos ser felices de verdad en el matrimonio.

Sin embargo, si no reconocemos la necesidad de ocuparnos de nuestros problemas, creemos que *nuestros esposos* deben tener la culpa de los problemas de la relación. Por error, podemos suponer que nuestra vida podría ser mucho mejor si tuviéramos un hombre diferente para amar, y es probable que no nos detengamos a considerar que nosotras podemos tener una parte de la responsabilidad en el descontento que sentimos.

Lo cierto es que ningún matrimonio está exento de desilusión. Hasta la relación más brillante tiene sus días oscuros que nublan la historia en común de una pareja, lloviendo en su desfile de «tenemos un matrimonio perfecto». Por fuera, quizá parezca que una esposa tiene el matrimonio ideal, pero muchas veces el paisaje interior de su corazón revela una profunda desilusión, enojo, amargura y arrepentimiento.

Lo mismo sucede con muchos esposos. ¿No te parece que este podría ser tu caso? Tal vez te lleves una sorpresa. Por cierto, yo me la llevé. Si cualquiera me hubiera preguntado durante los primeros siete años de matrimonio si Greg se sentía satisfecho, no hubiera pestañeado. «¡Por supuesto!», hubiera sido la respuesta que me saliera de la boca y la que creía con todo mi corazón. Sin embargo, un día recibí una advertencia.

Mi propio despertar brusco

Es probable que fuera la enésima vez que teníamos la misma discusión. A mí me parecía que Greg no hacía ningún esfuerzo por satisfacer mis necesidades emocionales... una vez más. Hacía días que no teníamos una conversación de verdad, semanas que no teníamos relaciones sexuales y habían pasado meses desde la última vez que me había llevado a alguna parte para pasar juntos un tiempo de calidad. En lugar de preguntarle con amor: «¿Lo que sientes por mí se está enfriando por algo que he hecho mal?», me avergüenza decir que volví a la misma vieja acusación: «¡Eres demasiado *pasivo*!» y, con enojo, lo culpé por la falta de pasión en nuestro trato. «¿Por qué no me buscas más? ¿Alguna vez se te ocurrió levantar el teléfono y preguntarme si quiero salir a cenar? ¿Alguna vez se te ocurrió traerme flores, o decirme que salgamos a caminar juntos, o cualquier cosa que me muestre que todavía te importo?»

Acostada en la cama durante lo que pareció media hora, a la espera de una respuesta a mi aluvión de preguntas exigentes, me puse cada vez más furiosa por lo que me parecía una falla de carácter importante. Por fin, eché hacia atrás las colchas y exclamé en forma dramática: «¡Estoy tan harta de tu pasividad, que no puedo dormir en la misma cama contigo esta noche!».

Nuestros hijos se habían quedado a pasar la noche con sus abuelos, así que, dando traspiés, me fui a la habitación de mi hija con mis mantas a la zaga, pero cuando llegué y encendí la luz, descubrí que la cama no tenía sábanas. Mientras bajaba por las escaleras hacia el frío sótano, para rescatar sus sábanas de la secadora, estaba decidida a enviarle a Greg el mensaje fuerte y claro de que su falta de atención a mis necesidades emocionales ya no era más aceptable para mí. Cuando llegué al sótano, las sábanas seguían mojadas en la lavadora. Ese día, más temprano, le había pedido a Greg que pasara la ropa a la secadora, y él olvidó hacerlo. Ahora sí que estaba enojada.

Revolví un armario en busca de mi saco de dormir, y cuando regresé al cuarto de Erin, encontré a Greg esperándome allí. Me dijo: «Por favor, ¿puedes dejar esto, Shannon? Solo regresa a la cama y hablemos. ¡Dormir separados no resolverá nada!».

En ese momento, tuve que elegir. Podía suavizar mi corazón, tragarme el orgullo y regresar a nuestro dormitorio como una muchacha grande, o podía morir en esta montaña, en el desesperado intento de probar lo firme de mis sentimientos con respecto a este asunto. Elegí permanecer firme en lo alto de la montaña. Puse el dedo en la cara de un hombre que es casi medio metro más alto que yo y que pesa cerca de cuarenta y cinco kilos más y declaré: «¡No seguiré en un matrimonio sin vida! Cada vez que hemos tenido un problema en la relación, siempre he ido a buscar sola el consejo, pero esta vez el problema es *tuyo,* así que sugiero que *tú* te ocupes de él». Me deslicé dentro de mi saco de dormir sollozando, y Greg se retiró a nuestro dormitorio derrotado.

Dos veces durante la noche oí que se levantaba y caminaba en la habitación. Me desperté con la esperanza de que se deslizaría en la cama junto a mí, me pediría disculpas por ser tan descuidado, y me abrazaría durante el resto de la noche, pero no tuve esa suerte. Las dos veces, volví a dormirme sola.

A la mañana siguiente, no podía creer que me hubiera comportado como semejante bruja malvada... ¡como si con *gritarle* fuera a lograr que se esforzara por mostrarme cuánto me amaba! Al final, me tragué el orgullo y regresé de manera sigilosa a nuestro dormitorio, y me sorprendí al encontrar a Greg acostado sobre una almohada mojada, con la cara roja y una mirada de miedo sus ojos enrojecidos. Esto es lo que Greg dice acerca de la noche que pasó:

> Shannon se fue a la cama alrededor de la medianoche y yo continué pensando en todas las cosas que hubiera deseado hacer o decir en los últimos meses para mostrarle cuánto la amo. Aunque sentía que mis energías estaban agotadas, no pude dormir. No dejaba de pensar: *Sé lo que le gusta y cómo hacerla sentir especial, ¿entonces por qué no me acuerdo de hacer esas cosas? ¿Por qué estoy tan motivado en el trabajo y me esfuerzo por agradar a otra gente, pero no puedo reconocer cuándo necesita atención mi esposa?* Me sentí como un fracaso total como esposo.
>
> A eso de las tres de la mañana, comencé a pensar en cuánto más feliz sería Shannon, quizá, si yo desapareciera por completo del cuadro. Me dije que si alguna vez me sucedía algo, estaría mucho mejor con el dinero del seguro y la oportunidad de tener un matrimonio más feliz con otro, en lugar de estar atascada en este «matrimonio sin vida», como lo llamaba tantas veces.
>
> A eso de las cuatro de la madrugada, entré en un estado de nerviosismo tal que comencé a preguntarme si ella sentiría lo mismo, que estaría mucho mejor sin mí.

Aunque ahora me parezca tonto, ya que nunca ha sido una persona violenta en el aspecto físico, hasta me cruzaron pensamientos en los que Shannon trataba de librarse de mí. Imaginé que tomaba un cuchillo de carnicero de la cocina y entraba en la habitación mientras yo dormía. El pensamiento me asustó tanto que me levanté dos veces en medio de la noche para ver si ella había salido de su cama y si, tal vez, se dirigía hacia la cocina.

A eso de las cinco de la madrugada, me di cuenta de que tales pensamientos eran absurdos y mi temor se convirtió en depresión. No solo no vivía de acuerdo con las expectativas de Shannon, sino que me parecía que estaba desilusionando a todo el mundo. Trabajaba largas horas y lograba muy poco en la oficina. Cuanto más tiempo pasaba en el trabajo, menos tiempo tenía para mis hijos. Estábamos sepultados bajo una deuda y las cuentas seguían apilándose. Parecía que la vida me estaba derrotando de muchas maneras, y tenía la sensación de que no tenía la fuerza para seguir levantándome una y otra vez. *Tal vez, debería ponerme el cuchillo de carnicero en el vientre yo mismo*, pensé. Por fortuna, Shannon se deslizó en la cama junto a mí poco después, y junté el valor para decirle lo que había estado pensando.

Cuando Greg me contó cómo fue su noche, no pude creer lo que oía. Una pequeña parte de mí deseaba enojarse otra vez ante lo absurdo de la idea de que pudiera provocarle daño físico alguna vez. Sin embargo, una parte mayor se sentía culpable al darme cuenta: *Shannon, este es el efecto que tienen tu enojo y tu desilusión sobre Greg. Lo estás matando con tu miseria. Esto no es problema suyo, es tú problema. Si deseas que alguna vez satisfaga tus necesidades emocionales, debes aprender a inspirar su afecto, en lugar de exigirlo. ¿Y qué te parece si reconoces que él también tiene necesidades emocionales?*

Hasta esa noche inolvidable, había estado culpando a Greg por mi infelicidad. Sin embargo, ¡ya no podía negar que *era yo la que había estado abriendo agujeros en el balde de nuestra felicidad conyugal*! A los pocos días, nos encontrábamos juntos en el consultorio de un terapeuta, donde Greg hizo la promesa de no hacerse daño, yo hice la promesa de controlar mi enojo y nos prometimos tratar de comprender las necesidades emocionales del otro.

Por si acaso piensas que en esta esfera Greg es único entre los hombres, piénsalo otra vez. Algunas mujeres creen que todo lo que necesita un esposo para ser feliz es relación sexual y un sándwich, y que en tanto obtenga estas cosas de vez en cuando, su esposa puede tratarlo como quiera. No obstante, un hombre también tiene profundas necesidades emocionales, necesidades que tal vez no quiere comunicar o no puede hacerlo. Si su esposa pasa por alto estas necesidades o las niega, se siente devastado y tomará medidas para protegerse, ya sea con una pelea o con un patrón de evasión. Puede pelear por sus derechos en la relación exigiendo que su esposa se someta a cumplir con ciertas expectativas o, como Greg, puede preferir evadir la responsabilidad y retraerse emocionalmente de la relación, o incluso, buscar un amor más satisfactorio en otra persona.

Lo cierto es que los hombres no son tan diferentes de las mujeres cuando se trata de sus necesidades básicas. Los hombres también tienen necesidades emocionales y pueden tener una sensación de desesperación cuando no se satisfacen esas necesidades.

¿Los hombres tienen necesidades emocionales?

El 11 de septiembre de 2001 fue un día de innumerables tragedias. Miles perdieron a seres queridos entre las llamas y al derribarse las Torres Gemelas de la ciudad de Nueva York. Sin embargo, la trágica pérdida de seres queridos no se detuvo una vez que se extinguió el fuego. Ocho mujeres casadas con bomberos de Nueva York experimentaron, tiempo después, la mayor pérdida personal de una manera tan sorprendente como la anterior. La mayoría dijo que jamás la vio venir. ¿A qué pérdida me refiero? A la de sus esposos, que las dejaron porque se enredaron en aventuras extramatrimoniales con mujeres a las que rescataron de los edificios en llamas o con viudas que perdieron a sus esposos en los ataques terroristas. En el episodio del 30 de agosto de 2004 de *Oprah*, un representante del Departamento de Bomberos de Nueva York explicó que se trata de un fenómeno bastante común después de una gran tragedia. A los bomberos se les alienta a que cumplan la función de «protector sustituto» en la familia de una viuda, a fin de ayudarlas a adaptarse a vivir sin su ser querido. Sin embargo, es evidente que para algunos la tentación de pasar de una suposición a un verdadero sustituto es difícil de resistir.

Lo que me llamó la atención en este informe fue que las ocho esposas abandonadas por sus esposos bomberos dijeron que nunca se imaginaron la aventura amorosa ni el divorcio. Desde su óptica, parecía que todo estaba bien en la relación. No obstante, los esposos contaron historias muy diferentes. Dijeron haberse sentido olvidados y menospreciados, sintieron que se les faltaba el respeto y que no los habían valorado. Varios expresaron que deseaban terminar con sus relaciones mucho antes de que comenzaran las aventuras amorosas.

A pesar de que nada puede justificar la infidelidad en el matrimonio, creo que hay una lección que podemos aprender de esta historia desalentadora y es la siguiente: *los hombres necesitan sentir que son los héroes de sus esposas*. No solo quieren que satisfagan sus necesidades sexuales, también quieren que se satisfagan sus necesidades emocionales de amor, respeto, valoración y admiración. Cuando no se satisfacen estas necesidades, el corazón de un esposo se enfría. Aun así, no tiene que ser de esta manera.

Demos lo que anhelamos recibir

Por mucho que deseemos que nuestros esposos entiendan y satisfagan nuestras necesidades más profundas, debemos aprender a dar lo que deseamos recibir.

Entonces, ¿cómo puede entender una mujer las necesidades emocionales de un hombre? Mejor aun, ¿cómo puedes satisfacer esas necesidades en tu esposo, encendiendo el gozo y la pasión que los dos desean e inspirándolo a que te trate de la manera que anhelas? Sigue leyendo, a medida que consideramos cómo los momentos de desesperación requieren medidas desesperadas.

los tiempos de desesperación requieren medidas desesperadas

Nunca olvidaré el día en que una de mis mejores amigas de la niñez recibió un juego de columpio nuevo para su cumpleaños. Jamás lo olvidaré porque la cicatriz que tengo en la frente no me lo permitirá.

El aparato tenía los columpios típicos, un tobogán y una barra en forma de U para dar vueltas, pero también tenía algo fantástico que nunca antes había visto en estos juegos. Tenía la forma de una canasta con dos bancos de frente, lo que permitía que dos personas se columpiaran en forma de péndulo al mismo tiempo. Dos de las niñas que asistieron al cumpleaños se treparon a los asientos y yo me ofrecí a columpiarlas, con la esperanza de conseguir el siguiente turno dentro de la canasta. Mientras empujaba, las niñas gritaban: «¡Más alto!». Así que decidí empujar como lo hacía, casi siempre, cuando empujaba a alguien en un columpio de los comunes: ponía las manos sobre la espalda del otro y avanzaba hasta llegar corriendo por debajo del columpio hasta el otro lado. Afirmé los pies para darles el empujón tradicional y, luego, empujé hacia arriba lo más alto que pude.

De repente, me di cuenta de que el peso de la segunda persona me impedía empujar el columpio lo suficiente alto como para pasar por debajo de la canasta, pero era demasiado tarde. Los movimientos de mi cuerpo ya estaban comprometidos con la tarea. En lugar de correr todo el trayecto por debajo hasta llegar al otro lado, el contragolpe de la hamaca pendular cayó sobre mí. El reposapiés me dio en la frente, me tumbó al suelo y me arrastró boca arriba.

Por más tonta que parezca esta maniobra, muchas mujeres, hoy en día, quedan atrapadas en un movimiento pendular parecido: el feminismo. Cuando Dios creó a los hombres y a las mujeres, nos diseñó para ser coherederos de su reino con un delicado equilibrio de poder y sumisión del uno hacia el otro (hablaremos de la sumisión mutua en el capítulo 10). Sin embargo, en los siguientes siglos, el peso del poder osciló demasiado hacia el lado masculino y las mujeres se sintieron burladas en sus derechos humanos básicos, sobre todo en el derecho de protegerse contra los esposos abusivos en el aspecto físico y en el derecho al voto.

Para principiantes...

Aquí tienes un anticipo de algunas de las medidas que puedes tomar para protegerte contra los tiempos de desesperación.

1. Todos los días, dale gracias a Dios por tu esposo y menciona atributos específicos que admiras y valoras. Pídele que te muestre algunas maneras específicas en las que puedes ser una bendición para tu esposo en ese día, luego, quédate quieta y escucha. Pídele a Dios que te ayude a contener las palabras cuando sea necesario y a decir la verdad en amor cuando haga falta. Expresa el deseo de tener siempre un corazón tierno hacia tu esposo y de que su corazón se sienta atraído hacia el tuyo de manera amorosa.
2. Echa fuera cada pensamiento negativo acerca de tu esposo con tres pensamientos positivos. No hay problema en orar para que Dios lo transforme o lo moldee en algún sentido, pero trata de no quejarte como si no valoraras el regalo que Él te ha dado en tu esposo. Reconoce que no tienes el discernimiento para saber lo que necesita de verdad,

entonces, confía en que Dios conoce todo lo que necesita para ser más parecido a Cristo y se lo dará. Además, cada vez que ores para que Dios cambie algo en tu esposo, pídele que cambie tres cosas en ti.

3. Dale gracias a Dios por las oportunidades que tienes de crear un ambiente feliz en tu hogar para tu esposo y tus hijos. Si no te gusta limpiar la casa, lavar la ropa, cocinar, decorar y hacer mandados, o si tu trabajo fuera de casa no te permite darte el lujo de concentrarte en tales tareas con mucha frecuencia, pídele a Dios que te dé la gracia para hacer lo que puedas, de modo que tu hogar sea un lugar al que desee regresar tu familia. Recuerda con frecuencia que tu familia y la vida de hogar son tus prioridades, y que lo que haces por tu esposo y tu familia vale para toda la eternidad.
4. Si te sientes malhumorada, avísale a tu esposo que no te sientes como siempre y que, tal vez, necesites algo de tiempo a solas para relajarte, darte un baño de burbujas, leer, orar o hacer cualquier otra cosa que te ayude a calmarte. Si no puede darte ese tiempo, llama a una amiga y pídele que se ocupe de los niños por un rato y ofrécele hacer lo mismo por ella cuando surja la necesidad. Algunas veces, nuestra salud emocional y mental puede ser frágil, así que debemos manejarnos con cuidado cuando no nos sentimos muy bien, con el cuidado de no dañar nuestras relaciones.
5. Como la mayoría de las veces, nuestras desilusiones están alimentadas por expectativas insatisfechas, trata de no llenar tu mente con ideas falsas acerca de lo que «debería» ser tu esposo. No lo compares con otros hombres, ni insistas en esas cosas en las que no da la talla. En especial, evita las comparaciones con personajes de la televisión, las películas o las novelas románticas, ya que esta clase de entretenimientos pinta retratos muy irreales que nada tienen que ver con la manera en que los hombres se conducen en las relaciones.

6. No pongas sobre los hombros de tu esposo la carga de responsabilidad de satisfacer todas tus necesidades emocionales. En lugar de culparlo, recuerda que es tu responsabilidad, y no la de otro, satisfacerlas. Busca primero a Dios, luego a otros familiares y amigas para que satisfagan algunos de tus anhelos de conexión. Además, recuerda que él no lee la mente. Si te parece que hay algo que te puede proporcionar, no vaciles en pedírselo.
7. Cuídate: descansa bien, mantén una nutrición balanceada y practica un ejercicio moderado constante; además, evita el estrés innecesario causado por el exceso de compromisos. Con frecuencia, el descontento y la desilusión que siente una mujer en el matrimonio no tienen tanto que ver con la infelicidad que le produce su esposo, sino con sentirse demasiado cansada, demasiado gorda, demasiado sedentaria o demasiado ocupada. Todos estos asuntos pueden extenderse, con facilidad, a la relación matrimonial y permiten que la miseria de la esposa la afecte, de modo negativo, tanto a ella como a su esposo, sin mencionar a sus hijos y a otros seres queridos.

Sin embargo, hoy en día, algunas mujeres presionan en dirección opuesta, lo que trae como resultado el deseo de poder *sobre* los hombres. He oído a algunos que se refieren a esta raza de mujeres atrevidas como «feminazis». Estas mujeres promueven las libertades reproductivas (el aborto sin el consentimiento del padre), estilos de vida alternativos (lesbianismo) y un odio generalizado hacia el género masculino[1]. Ahora bien, hay muchos hombres que se sienten igual que las mujeres tiempo atrás: de algún modo estafados al quitarles sus derechos humanos básicos de respeto en sus hogares y de que los traten con dignidad. Algunos, hasta sienten que sus esposas les han maltratado en lo emocional y que no tienen ningún derecho de decir algo al respecto.

A pesar de que nunca me he considerado feminista, he llegado a darme cuenta de que muchas de nosotras que crecimos en los setenta y los ochenta hemos llegado a adoptar, en forma inocente, algunas filosofías feministas sin reconocerlas como tales. A menos que nos hayan criado debajo de una roca y que hayamos estado protegidas por completo de los muchos mensajes feministas que hay en los medios, no hemos podido escapar de la influencia feminista.

La Dra. Laura Schlessinger habló acerca de este movimiento pendular en su libro *Cómo cuidar y tener contento al esposo* cuando dijo:

> En algún tiempo, el compromiso con el matrimonio y la crianza de los hijos se veía como el pináculo de la identidad adulta, así que las mujeres buscaban con cuidado al hombre «adecuado» para la tarea, y se consultaba a los padres para pedirles opiniones y bendiciones. Ahora bien, con tan pocos matrimonios que se sostienen en el tiempo y con hijos que crecen con árboles genealógicos complejos formados por matrimonios múltiples, divorcios e hijos extramatrimoniales, hay menos mujeres que consideran al matrimonio y la crianza de los hijos como algo estable o incluso algo normal.
>
> La extremada complicación que presenta el feminismo al elevar a las mujeres sin los hombres (y a los hijos sin los padres), y la desestimación de los hombres como innecesarios y hasta peligrosos, de seguro no han contribuido a la clase de disposición positiva que necesitan las mujeres para funcionar bien dentro de una relación monógama, heterosexual y comprometida.
>
> Este egocentrismo presuntuoso en cuanto al valor de las mujeres, junto con el desprecio hacia los hombres, conduce a las mujeres a tratarlos de mala manera. Son muchas las mujeres que miran a los hombres con la necesidad de imponer sus derechos, en lugar de verlos como una oportunidad para poner en práctica una actitud magnánima. ¿Cuál es la razón? Todas esas fuerzas juntas le han dado a la mujer un falso sentido de superioridad[2].

Este falso sentido de superioridad no se puede negar si miramos con atención a nuestra sociedad. En algunos círculos, a las mujeres se les aplaude por ser valientes y abandonar a sus esposos e hijos a fin de descubrir «quiénes son en realidad» y para ir en busca de sus sueños (como si un matrimonio próspero y una familia fuerte no fueran objetivos suficientes). Cuando se habla de una discordia matrimonial, la sociedad insinúa que la culpa principal es de los hombres.

Hollywood nos ha enseñado, una y otra vez, que los hombres no saben hacer otra cosa más que usar recursos de poder, vegetar frente el televisor, gritar pidiendo otra cerveza, eructar más fuerte que el siguiente zopenco y quejarse porque sus esposas no les dan suficiente cantidad de relación sexual. El deterioro de la imagen masculina que se ve en la televisión y en las películas ha creado un trasfondo de falta de respeto y de discordia en muchos hogares. Lo que es peor aun, algunas familias cultivan una auténtica animosidad de los unos hacia los otros. En algunos casos, hasta se desesperan por hacer un retroceso veloz y llegar a la parte del matrimonio donde se dice «hasta que la muerte nos separe». En el año 2003, de las víctimas de asesinato que conocían a sus asesinos (ya fueran familiares o alguna clase de conocido, como empleadores), al veintiún por ciento lo asesinó su cónyuge o su pareja íntima. El setenta y nueve por ciento de esas víctimas fueron mujeres; el otro veintiún por ciento fueron hombres[3]. Aunque las circunstancias que rodean cada asesinato doméstico en este país varían de un caso al otro, no cabe duda de que debe haber una abrumadora sensación de desilusión, ira, resentimiento y amargura que cause semejante furia y violencia. Debemos reconocer que los hombres y la masculinidad están bajo ataque, incluso en los hogares cristianos.

Lo que tienen que decir los esposos

Cuando les pedí a los esposos que me dieran ejemplos de lo que sucede a puertas cerradas que hace que el corazón de un hombre se enfríe hacia su esposa, muchos no dejaron pasar la oportunidad de descargar su dolor. Aquí tenemos algunas de sus respuestas:

- «Si mi esposa me diera una libreta de calificaciones mensual, todos los meses obtendría la nota más baja. Haga lo que haga, para ella nunca alcanza. El noventa por ciento de las veces me esfuerzo por hacer todo lo que me pide, ya que de lo contrario, sé que esa noche se armará una trifulca. Sin embargo, otras veces pienso: *¿Para qué? De todas formas no lo valorará*».

- «A juzgar por las apariencias, mi esposa es una persona maravillosa que los demás consideran una buena esposa y madre. En cambio, si fueras una mosca apoyada sobre la pared de nuestra casa, podrías oír que, muchas veces, es una persona diferente por completo en privado. Su tono cortante y su actitud irrespetuosa te dejarían boquiabierto, con todo y eso se supone que no debo inmutarme y comportarme como un hombre».
- «A menudo, mi esposa dice que comprende las necesidades sexuales que tienen los hombres, ¡pero casi nunca cumple con lo prometido! La mayoría de las veces, lo único que recibo es una conversación compasiva y una palmada en el hombro acompañada por una excusa: está demasiado cansada, demasiado distraída o demasiado atareada como para acostarse a una hora razonable».
- «Es difícil aceptar que mi esposa me acuse de no interesarme por ella ni por los niños si necesito descansar algunos minutos cuando llego a casa del trabajo. Cuando se me acusa de ser perezoso y de ser un pésimo marido y padre, no quiero saber nada de conectarme con mi esposa. A partir de ese momento, el resto de la noche va de mal en peor».

No cabe duda de que ninguno de estos hombres siente que es un héroe para su esposa. No creo que ninguna de estas esposas haya querido hacer que sus esposos se sientan de esta manera. A pesar de eso, muchas veces parece que las esposas suponemos que los corazones de nuestros esposos están hechos de acero. Tal vez, el anillo que llevamos en nuestro dedo nos dé la impresión de que estarán siempre a nuestro lado, sin importar cómo los tratemos.

No sé tú, pero yo no quiero un esposo que esté vivo en el aspecto físico, pero muerto emocionalmente con respecto a mí. Quiero que a Greg lo entusiasme nuestra relación y que desee regresar a casa todos los días. No quiero que cumpla con las formalidades para pasar mi rigurosa inspección y que así lo deje en paz. Quiero que su corazón siga sintiendo ternura y afecto hacia mí. Sin embargo, me he dado cuenta de que no puedo tener estas cosas si no sé valorarlo y si lo trato de modo irrespetuoso, lo que hice muchas veces en el pasado.

Tal vez pienses que tu esposo nunca caerá en la categoría de «desesperado». Es probable que nunca lo hayas oído decir ningún comentario ni remotamente similar a los anteriores. No supongas que si no dice que se siente insatisfecho quiera decir que es feliz. Los hombres no hablan de sus sentimientos a cara descubierta como lo hacen las mujeres. La mayoría no dice nada y luego acumula el dolor en lo profundo de su corazón. No se trata de una falla de carácter; los hombres son así. Permiten que sus emociones los pongan en acción para «arreglar» las cosas, pero si sospechan que un problema no se puede arreglar o no tienen idea de cómo arreglarlo, casi siempre esconden su frustración. No obstante, cuando una persona esconde una emoción, se echa raíces en el suelo del corazón y, por lo general, salen a la superficie en forma de otras emociones más intensas. La mayoría de los hombres que respondió a nuestra encuesta admitió que su frustración había salido a la superficie en forma de temor o de aversión hacia sus esposas, no hay mujer que desee ni una cosa ni la otra.

A lo mejor, te preguntas si esos esposos le han dicho a sus esposas cómo se sienten. La mayoría dice que sí, que han tratado de comunicar sus sentimientos, pero que se los callan con comentarios defensivos. Dijeron que están cansados de tratar de convencer a sus esposas de que tienen quejas legítimas y que, si insisten en pedir cambios, sus esposas los acusarán de ser tiranos. Otros dijeron que el temor a empeorar las cosas les impidió discutir con franqueza estos asuntos con sus esposas.

¿Qué papel representas?

Si no eres feliz en tu matrimonio, no cometas el error de echar sobre tu esposo toda la responsabilidad de darle un vuelco a la relación matrimonial. *No* todo depende de él. Por lo general, los problemas son el resultado de las acciones y actitudes de *ambos* cónyuges.

Por supuesto, cuando parece que existe un problema real, casi siempre la esposa es la primera en sugerir la terapia matrimonial. Sin embargo, ¿cuáles son sus expectativas cuando empuja a su esposo a través de la puerta del consultorio del terapeuta? Por lo general, su objetivo es que *él* cambie para que *ella* pueda ser feliz. Fíjate en este otro pasaje de *Cómo cuidar y tener contento al esposo*:

> [Un esposo o esposa infelices] van al terapeuta, pero es triste que gran parte de la profesión psicoterapéutica esté llena de personas que tienen el mismo libreto: Los valores tradicionales no cuentan, los hombres son los malos de la película y las mujeres están oprimidas. La cura que proponen es feminizar al esposo o sugerir el divorcio. Ken, un oyente, confirmó esta posición cuando escribió:
>
> «Mi experiencia en casi todos los caminos que hemos probado (es decir, libros de autoayuda, cintas grabadas, terapia personal, etc.) ha mostrado que la sociedad de hoy insiste en que es RESPONSABILIDAD ABSOLUTA DEL HOMBRE aprender a comprender y a comunicarse en un nivel que la mujer pueda comprender y digerir. Pareciera que los avances positivos en una relación SOLO pueden producirse si el esposo está dispuesto a cambiar su naturaleza misma, a sintonizar su lado "femenino" y a aprender a pensar, a responder y a "percibir de manera emocional" como lo hace su esposa.
>
> »Si el varón tiene algún deseo o percepción diferentes, no es más que por su naturaleza egoísta, obtusa y con tendencia a las actitudes incivilizadas. Por lo tanto, tiene la responsabilidad de librarse de cualquier cosa que pudiera catalogarse como "masculina" si se quiere que exista algo de paz en la casa»[4].

Es cierto que muchas mujeres no son felices, pero también es cierto que muchos hombres no lo son tampoco. Son tiempos de desesperación y tal vez esta desesperación sea un indicativo de que es hora que las mujeres tomemos medidas urgentes y nos preguntemos: *¿La manera en que trato a mi esposo contribuye a la desaparición de la imagen masculina?* Para bailar el tango hacen falta dos y por más que queramos arrojarles piedras a nuestros torpes compañeros, todos debemos detenernos y preguntarnos: *¿Qué parte represento en la danza de descontento de mi matrimonio?*

La conclusión es la siguiente: *Aunque creas firmemente que el noventa y cinco por ciento de los problemas en tu matrimonio son culpa de tu esposo, ¿estás dispuesta a concentrarte en el cinco por ciento sobre los que tienes control?*

Si lo haces, tienes muchas probabilidades de poder experimentar el gozo y la pasión que siempre soñaste que existiera en el matrimonio, y podrás crecer hasta convertirte en la persona principal que satisfaga las mayores necesidades y los mayores deseos de tu esposo.

Cómo se pone en práctica los principios

Escribir un libro que tenga el subtítulo *Aviva el gozo y la pasión que ambos desean*, genera mucha presión interna. Desde el momento en que le entregué esta idea a mi editor, hubo momentos en que me preguntaba si me correspondía escribir semejante libro. Aunque Greg y yo hemos tenido momentos en los que hemos sentido una increíble intimidad emocional y pasión sexual, también hemos tenido momentos en que nuestros corazones estaban congelados para con el otro. El día que recibí la mayor confianza para seguir adelante con esta idea fue el mismo en que Greg y yo fuimos a un hotel para comenzar a trabajar juntos en este manuscrito. Me pusieron a prueba en gran manera. Greg explicará esta prueba:

> Hacía varias semanas que Shannon y yo habíamos programado un retiro para escribir, y los dos lo esperábamos con ansias. Sin embargo, yo tenía una importante reunión de la junta directiva programada para la semana siguiente y necesitaba completar varios informes financieros y enviárselos a los miembros del comité ese viernes por la tarde de antes de partir hacia nuestro retiro. Esto me producía muchísimo estrés.
>
> Mi plan era tener listos esos informes y estar en casa a eso de las tres de la tarde, a fin de poder llevar a nuestros hijos a la casa de los padres de Shannon, antes de irnos para el hotel. No obstante, a eso de las dos, me di cuenta de que mi plan no resultaría. Hice lo único que podía hacer. Llamé a Shannon (con temor y temblor) y le pregunté si era mucho pedirle que llevara a nuestros hijos a

> la casa de sus padres y que luego regresara para buscarme a eso de las cinco, así tenía un par de horas más antes de irme de la oficina.

Cuando Greg me pidió que llevara a nuestros hijos y regresara para recogerlo más tarde, la idea no me gustó en absoluto. Me había imaginado cómo conversaríamos y nos devanaríamos los sesos juntos en el auto luego de dejar a los chicos y me estremecí al pensar en hacer sola ese viaje mientras él todavía estaba en la oficina. Por otra parte, sabía que de ninguna manera me hubiera hecho semejante pedido, si no hubiera sido importante de verdad. Sentía que la decisión dependía de mí. Podía comenzar ese fin de semana con una nota ácida al responder de la manera en que lo hubiera hecho en el pasado («¡Greg, hace semanas que lo planeamos! ¿Por qué no administraste mejor tu tiempo? ¿Por qué no puede esperar? ¿Por qué el trabajo siempre tiene que estar primero? ¿Qué hay de mí? ¿Por qué no puedes ponerme en primer lugar por una vez en la vida?»). O podía comenzar el fin de semana poniendo primero sus necesidades y estableciendo el tono para una experiencia maravillosamente íntima. Por fortuna, pude escoger esta última.

—¿Por qué no hacemos un trato diferente? Preferiría no llevar a los niños a la casa de mis padres sin ti, porque estoy esperando de verdad ese tiempo de viaje juntos. ¿Por qué no llamo al hotel y les digo que llegaremos más tarde, luego espero hasta que termines en la oficina para que podamos dirigirnos juntos a Greenville? —sugerí.

—¡Prometo no llegar más tarde de las cuatro y media! —respondió Greg aliviado.

—Quédate hasta las cinco, si lo necesitas —le dije, con la esperanza que se diera cuenta del margen extra que le daba a propósito.

Cuando Greg llegó a las cuatro y cincuenta y ocho de la tarde, estaba aliviado por haber terminado ese proyecto y agradecido porque yo no estaba molesta. De todos modos, lo mejor fue el tono que estableció para el fin de semana que pasamos juntos, así como para la semana siguiente. Greg dice:

> No podía creer que Shannon me estuviera dando tanto margen y que tampoco estuviera molesta. La decisión que

tomó de ser tan afable me hizo sentir respetado y apoyado. Siempre ha sido atractiva para mí, pero este fin de semana en particular, me sorprendió lo hermosa que se veía. Es probable que se haya visto igual que siempre, pero la vi a través de una mirada nueva: sentía que me amaba de verdad y eso hizo que fuera muy fácil devolverle ese amor.

Cuando regresamos a casa, Shannon sabía que yo tenía mucha presión para terminar de alistarme para la reunión de la junta. Me quedé trabajando desde las ocho de la mañana hasta la medianoche, tres noches seguidas, algo que nunca antes había hecho. Estaba lo bastante estresado por tener que trabajar todas estas horas, y no necesitaba el estrés de sentir que había caído en desgracia en el hogar por tener que trabajar hasta tarde. Sin embargo, la amabilidad y el compromiso de Shannon con la unidad continuaron a lo largo de toda la semana. Nunca me acosó para que volviera a casa, sino que solo dejaba una luz encendida todas las noches para cuando yo llegara y me llamaba un par de veces al día para decirme que estaba pensando en mí. Una noche, me sorprendió con una cena y trajo suficientes provisiones como para que me duraran un par de días. Cuando llegó el momento en que la reunión de la junta terminó tarde esa semana, no veía la hora de llegar a casa.

Aunque no me gustaría que Greg trabajara tantas horas en forma regular, tengo que entender que su puesto trae consigo una enorme responsabilidad, y algunas veces en el año, requiere una inversión extraordinaria de tiempo y energía. Sé que, de ser posible, preferiría estar en casa con nosotros. Si mantengo fresco este pensamiento en mi mente, me resulta mucho más fácil ser compasiva con él durante las situaciones estresantes del trabajo.

No te cuento esta ilustración para hacer sonar trompetas por mi conducta, sino para pintar un cuadro vívido de lo que es tomar medidas urgentes en tiempos de desesperación, de una manera constructiva y de apoyo, en lugar de hacerlo en forma destructiva. Todo matrimonio pasará por algunos de estos tiempos; es parte del terreno que debemos transitar. Lo que decidamos hacer en esos momentos es lo que influirá en gran medida sobre nuestros esposos y sobre el gozo y la pasión que experimentemos en la relación.

Lo que viene

En la siguiente parte del libro, nos detendremos a reflexionar y le daremos una mirada al panorama general del matrimonio, incluso al potencial que tenemos de ministrarle a nuestros cónyuges como nadie más puede hacerlo. Luego, en la tercera parte, examinaremos algunas de las cosas más comunes que hacemos (casi siempre de manera subconsciente), que hacen que el corazón de nuestro esposo se enfríe. En la cuarta parte, nos concentraremos en cómo puedes comprender y satisfacer las necesidades emocionales más básicas de tu esposo. Por último, hablaremos de cómo puedes echarle leña al fuego de la pasión de tu esposo hacia ti. Cuando su pasión arde con más brillo y lo inspiras a entrar contigo a un nivel más íntimo, los dos experimentarán el gozo y la máxima satisfacción que esperan tener en su matrimonio.

Recuerda, no eres la única que desea que tu matrimonio crezca con más fuerza, más felicidad y más satisfacción. Dios también desea que tú y tu esposo tengan una relación que no solo sobreviva, sino que *prospere*.

SEGUNDA PARTE

miremos el panorama general

¿apagados o en calentamiento?

Hace poco, hice un largo viaje en auto con una amiga (la llamaré Andrea). Hacía tan solo dos semanas, un muchacho soltero llamado James la había hecho perder la cabeza. Andrea habló hasta por los codos durante el viaje de cuatro horas acerca de lo maravilloso que parecía ser James: increíblemente buen mozo, temeroso de Dios y ocurrente. Al pasar por el mostrador de cosméticos de la tienda Dillard's, Andrea se detuvo para tomar una muestra de la fragancia Polo, la favorita de James, para poder recordar cómo olía. Todo lo que dijera acerca de él parecía no ser suficiente, pero yo me había quedado sin nada que decir acerca de Greg antes de que cruzáramos el límite del condado.

Parecía que James era atento y el ideal. Andrea deliraba debido a que la llamaba varias veces al día tan solo para ver qué estaba haciendo, para decirle las cosas más dulces y para asegurarle siempre que él (y la relación entre ellos) era ideal de verdad. Cuando Greg me llamaba al teléfono celular, era para hablar sobre el lugar al que tenía que ir cada uno de nuestros hijos ese día o para preguntarme qué podía preparar para la cena. Me decía «Te amo» antes de cortar, pero no era algo mágico. No inspiraba ningún cambio en mi tono de voz. No me sudaban las palmas de las manos. No tenía sensaciones mágicas en el estómago. No era más que una conversación de rutina. Nuestra relación no ha sido siempre así. En algún tiempo, daba volteretas cada vez que me llamaba.

Luego de colgar, tomé nota mental: *¡Guarda tu corazón, Shannon!* Debía tener cuidado de no estar celosa por la intensidad de la nueva relación de Andrea. No podía comparar mi matrimonio de quince años con esta relación de quince días. Era probable que Greg y yo ya no tuviéramos la llama de la intensidad, pero teníamos algo mucho más brillante: las brasas de la intimidad. Tal vez una analogía ayude a explicar lo que quiero decir.

Cuando Greg y yo nos mudamos, hace ya varios años, y salimos de la jungla de concreto de Dallas, para vivir en los bosques de pinos del este de Tejas, descubrimos un nuevo placer sencillo: sentarnos alrededor de una fogata. En la ladera de una montaña a pocos metros de nuestra cabaña de troncos, Greg creó un lugar perfecto para fogatas. Con traviesas de las vías férreas, construyó un muro de contención y formó muchos asientos para la familia y los amigos. Por más divertido que sea encender el fuego, asar salchichas, tostar malvaviscos, contar historias, cantar y solo disfrutar de la compañía mutua alrededor del fuego, mi momento favorito llega cuando finalizan esas actividades y todos se marcharon excepto Greg y yo. Es entonces cuando puedo reflexionar acerca de cuánto tienen en común esa fogata y nuestro matrimonio. En cuanto las llamas furiosas se extinguen, las brasas arden con su máximo brillo y generan el calor más intenso.

Lo mismo puede decirse de una relación matrimonial, pero no siempre entendí esto.

¿Qué le sucedió a nuestra llama de pasión?

Cuando Greg y yo nos conocimos, empezamos a salir juntos y nos casamos, no podía imaginar que quisiera estar con ninguna otra persona. Me hacía sentir especial, valorada y deseable. La llama de la pasión que sentíamos el uno por el otro ardía con gran resplandor. Sin embargo, siete años y dos hijos después, ya no me sentía muy especial. Parecía que nuestra vida juntos había perdido su chispa mágica. Al no comprender lo que sucedía, pensé que se extinguía nuestra llama. En el momento no lo sabía, pero algunos científicos creen que existe, en verdad, una explicación biológica para este fenómeno habitual en las relaciones matrimoniales:

> El punto alto del amor apasionado no dura para siempre. El cuerpo genera una tolerancia a las sustancias químicas naturales del cerebro asociadas con el comienzo en el amor; cada vez se necesitan más para sentir el mismo nivel de euforia. Algunas personas interpretan que la correspondiente disminución en la energía sexual quiere decir que ya no están enamorados y, de seguro, para algunos marca el fin de una relación. Sin embargo, en lugar de ser el fin del amor, puede ser la transición hacia el amor del compañerismo, que dura más.
>
> Parece que el cerebro no puede tolerar el continuo estado de aceleración del amor apasionado. A medida que se disipa la novedad de la pasión, el cerebro pone en acción nuevas sustancias químicas, las endorfinas, sustancias naturales parecidas a la morfina que calman la mente. La excitación puede disminuir, pero la seguridad del amor del compañerismo puede proporcionar un placer distinto, no necesariamente menor[1].

Debido a que había tratado de seguir en ese «estado de aceleración del amor apasionado» con mi esposo, no podía reconocer el placer del «amor de compañerismo» que se desarrollaba poco a poco entre nosotros. En lugar de comenzar con la difícil tarea de atizar las brasas de nuestra relación para renovar esa sensación de fogosidad, por poco tiro la suficiente cantidad de tierra sobre el fuego como para extinguirlo del todo. Como anhelaba la felicidad eufórica y la intensidad características de una nueva relación, me encontré gravitando hacia nuevos hombres... hombres que me hacían sentir especial, valorada y deseable otra vez, debido a la atención que me prodigaban.

Casi en todas partes a las que iba, conocía a un hombre que me hacía sentir que se encendía esa chispa de excitación que ya Greg parecía no encender. Mi instructor de gimnasia aeróbica me hacía sentir sexy otra vez cuando me elogiaba por lo bien que me veía al perder los kilos de más que había ganado en el embarazo. Luego de años de quedarme en casa y de mirar demasiadas repeticiones de *Plaza Sésamo* y de *Barney,* el profesor de la universidad me recordó que era inteligente al elogiar mis trabajos de investigación o la participación en clase. Un amigo de la iglesia me hacía sentir como una confidente especial al llamarme con frecuencia por teléfono durante el día, a fin de quejarse de su matrimonio y comentar cuánto desearía que su esposa se pareciera más a mí. Mi ego recibía muchos halagos, pero todos provenían de relaciones superficiales, de hombres que solo me conocían a la distancia. Por otra parte, Greg me veía bien de cerca. Conocía quién era de verdad.

Por fortuna, comencé a ir a terapia antes de que mis aventuras amorosas emocionales se volvieran sexuales. Además, mi terapeuta me ayudó a comprenderme mejor y a entender las razones de mi descontento.

La intensidad no es intimidad genuina

Durante esos años de matrimonio, tuve luchas porque, como muchas mujeres, no había comprendido la diferencia entre la *intensidad* y la *intimidad*. La *intensidad* es una sensación de excitación extrema o de euforia. Es la consecuencia natural de una relación flamante. Muchas veces, la intensidad se hace pasar por la intimidad. Cuando vamos conociendo cosas nuevas en una persona, por lo general, pensamos que estamos experimentando intimidad, pero descubrir cosas nuevas en un extraño no es intimidad, solo es algo nuevo. Puede resultar emocionante. Puede hacer sentir intensidad. Sin embargo, casi siempre es superficial y temporal. En el mejor de los casos es algo incompleto. En su mayor parte, solo llegué a conocer de estos hombres los aspectos que querían que viera. En su mayoría, estas relaciones *parecen* íntimas, pero la intimidad que yo sentía era falsa.

La intimidad genuina solo se podía encontrar en el hogar, donde Greg y yo no solo veíamos lo bueno, sino también lo malo y lo feo en cada uno. La palabra *intimidad* se puede definir mejor si pensamos que hace referencia a lo más interior, lo más interno. Es la habilidad de ver el interior del corazón, de la mente y del espíritu de otra persona, lo cual es imposible hasta que se haya llegado a conocer a ese individuo durante un largo período. Solo se consigue una vez que pasa la intensidad y llegas a conocer cosas que la mayoría de las personas no puede conocer, a menos que vivan con ese individuo.

Por ejemplo, no entendía muy bien por qué los problemas sexuales, emocionales y de relación representaban una lucha tan grande para mí. Hasta que conocí a Greg, ningún muchacho se había tomado el tiempo para conocerme de verdad, para comprender y reconocer la raíz que causaba mi tendencia a buscar amor en los lugares equivocados. La mayoría de los hombres corría en la dirección opuesta o se aprovechaba de mi vulnerabilidad, pero Greg no hizo lo mismo. No era la clase de hombre que piensa en «ámala y déjala»; estaba (y está) comprometido con nuestro matrimonio a largo plazo. Por lo tanto, a pesar de que se sintió herido en lo más profundo cuando se enteró de mi infidelidad emocional, se decidió a ayudarme a superar estos patrones disfuncionales. Mientras que algunos hombres se hubieran ofendido con esta clase de información, él sintió que, mientras se lo dijera en lugar de ocultárselo, teníamos esperanza. En vez de salir corriendo, quiso ayudarme a ver cuáles eran las necesidades genuinas que estaban detrás de mis debilidades, de modo que pudiera satisfacerlas de manera saludable y me convirtiera en la mujer que Dios tenía en su corazón.

¿Qué vio Greg al mirar el interior de mi corazón que nadie más pudo ver? Vio a una niñita dolida que no comprendía quién era en Cristo, ni que Jesús quería ser el amante de su alma. También vio a una mujer que no podía comprender la altura y la santidad de los llamados al matrimonio y a la maternidad. Poco antes de esta época de nuestras vidas, había renunciado a una carrera en una oficina que constituía un reto. Allí recibía elogios sin cesar por mis logros, así que al tener que quedarme en casa con dos niños, tuve que hacer ajustes difíciles. Nadie me aplaudía cuando limpiaba la comida de bebé que caía sobre la silla alta. Nadie me ovacionaba cuando llevaba a los niños a las clases de *ballet* ni a los campos de juego. Greg se dio cuenta de que yo había buscado en las relaciones de afuera un sentido de afirmación y un remedio para la monotonía de ser una madre a tiempo completo.

También entendió que usaba estas relaciones como una forma de medicación para aliviar el dolor que sentía por tener un padre que nunca había demostrado interés en estar conmigo. Greg se dio cuenta de que la necesidad de tanta atención y afecto no estaba tan relacionada con *nuestra* relación, sino con la relación disfuncional que había tenido con mi padre. Durante mis años de crecimiento, mi padre y yo tuvimos una relación tormentosa y la mayoría de los hombres hacia los cuales me sentía atraída eran mayores y representaban alguna forma de autoridad sobre mí. Eso le dijo a Greg que yo anhelaba una figura paterna. Sabía que él no podía tratar de llenar ese vacío, así que oró a nuestro Padre celestial para que Él sanara ese vacío que había en mi corazón. Dios demostró su fidelidad durante esa época. No solo restauró la relación con mi padre terrenal, sino que también restauró mi autoestima y mi capacidad para serle fiel a Greg.

Como no huyó cuando fui sincera y le conté acerca de mis luchas, me di cuenta de lo digno de confianza que era el hombre con el que me había casado, y por primera vez en mi vida me sentí a salvo y segura en una relación. Aprendí a valorar su paciencia, su sabiduría y su madurez espiritual al no culparse por mi infidelidad emocional. Gracias a su ayuda, pude afirmar los pies sobre un cimiento más firme. El descubrimiento del profundo nivel de compromiso que Greg tenía conmigo ha sido mucho más satisfactorio que cualquier momento «intenso» que haya experimentado con él o con cualquier otro hombre. Tengo su amor incondicional... a pesar de mis defectos. Este es el verdadero significado de la genuina intimidad, y esa intimidad es mucho mejor que las sensaciones placenteras, las palmas de las manos sudadas, los fuegos artificiales o cualquier otra forma de intensidad. Es irónico que cuando la intensidad (o la excitación) se encuentra en su punto más alto, casi siempre la intimidad está en su punto más bajo. Sucede lo mismo al revés: cuando la intimidad se encuentra en su punto más alto, puede parecer que la intensidad se encuentra en su punto más bajo. No había pasado un mes después del viaje que hice con Andrea, cuando me informó que había cortado la relación con James. Aunque era muy bueno con la labia, casi nunca se tomaba el tiempo para verla cara a cara. Siempre tenía una excusa para no verla ni por las noches, ni los fines de semana. Sus acciones comenzaron a hablar mucho más fuerte que sus palabras y Andrea ya había experimentado todo el rechazo que podía soportar. Le dijo que no podían seguir interactuando como una pareja. A pesar de que la relación de seis semanas fue intensa, nunca se volvió íntima en lo emocional. Entonces, Andrea se dio cuenta de que nunca experimentaría el gozo de sentirse a salvo y segura de verdad en una relación con alguien como James. Por otra parte, Greg todavía sigue a mi lado, tan comprometido como siempre.

La moraleja de esta historia es la siguiente: ten cuidado de no confundir *intensidad* con *intimidad*. La intensidad se desvanece a medida que pasa la novedad y se establece la familiaridad, pero la intimidad puede seguir creciendo cuanto más conoces a la persona y más se familiarizan el uno con el otro.

La intimidad exige esfuerzo

Por supuesto, la intimidad no se produce en forma automática. Requiere una inmensa cantidad de tiempo y de esfuerzo. Nuestras relaciones crecen y prosperan solo cuando nos ocupamos de ellas, las alimentamos y las cuidamos con diligencia. Greg y yo hemos alcanzado este nivel de intimidad solo como resultado de muchas sesiones de terapia y muchas horas dedicadas a una conversación sincera, dolorosa, y a la oración desgarradora. Siempre he pensado que nuestra relación íntima ha requerido mucha sangre, sudor y lágrimas: la sangre de Jesús, el sudor de Greg y mis lágrimas. Aun así, bien valía la pena y el esfuerzo la fragante belleza que hemos creado entre los tres durante estos tumultuosos años.

Mientras escribía este capítulo, se me ocurrió que los matrimonios se parecen mucho a la experiencia que tuve cultivando fresas. Hace varios años, se me ocurrió que quería cultivar fresas. Recordaba lo divertido que me resultaba cuando era niña ir al cantero de fresas de mi madre (que estaban plantadas dentro de una llanta de tractor en el patio) y arrancar las fresas grandes y maduras para el postre de esa noche. Al principio, me esforcé al máximo. Una amiga me ofreció todas las plantas de fresas que quisiera de su huerto. Así que fui a su casa y pasé horas sacándolas con una pala. Hasta conseguí una llanta de tractor y la llené con tierra, de modo que mi huerto fuera igual al de mi mamá. Trasplanté las delicadas plantas y luego comencé a regarlas a diario... durante unos cuatro días. Luego, me olvidé de las plantas y las descuidé durante algunas semanas. Las malezas, los insectos y la deshidratación las mataron a todas en ese breve tiempo. Quería tener fresas, pero no lo suficiente como para cuidar las plantas de manera adecuada. Era *apasionada*, pero no estaba *comprometida*.

Una dinámica similar destruye los matrimonios casi con la misma rapidez con que mis plantas de fresas se encontraron con su deceso. Muchos matrimonios comienzan de manera apasionada con metas loables, intenciones honorables y altas expectativas, pero si la pareja no está comprometida con el cuidado y el mantenimiento rutinario de su relación, el amor se desvanece y se va muriendo poco a poco. No tiene por qué ser así. La pasión inicial en una relación puede desaparecer y, sin embargo, el compromiso puede seguir tan fuerte como siempre. Es entonces cuando el amor apasionado evoluciona y madura para convertirse en amor comprometido. La posibilidad de que un matrimonio dure a largo plazo depende de la transición exitosa que tenga la pareja del amor apasionado al amor comprometido y de compañerismo.

Qué lamentable es que haya tantas parejas que nunca aprenden a hacer esta transición. Una vez que muere la llama de la intensidad, hacen lo que yo estuve a punto de hacer: le echan tierra al fuego y procuran encender algo nuevo con alguna otra persona. Sin embargo, como estás leyendo este libro, tengo la esperanza de que tu matrimonio no tenga la probabilidad de contribuir a que exista una estadística de divorcio más alta. Serás la clase de mujer sabia que anhele niveles más profundos de intimidad genuina dentro de su relación matrimonial, en lugar de buscar la intensidad de algo nuevo y superficial. El amor que sientes hacia tu esposo no se basará en sensaciones bonitas ni en fuegos artificiales, sino en la familiaridad, la sinceridad, la confianza, la seguridad y el compromiso.

un regalo mayor que el esperado

Mientras me ayudaba a decorar el salón para mi fiesta de boda, una estudiante del instituto me lanzó una pregunta que me tomó por sorpresa. «¿Por qué en una ceremonia de boda la novia y el novio dicen "hasta que la muerte los separe"? ¿Por qué no pueden decir simplemente "hasta que ya no nos amemos", de modo que tengan la libertad de ir en otra dirección si no son felices?», preguntó Elizabeth.

Al principio, pensé que estaba bromeando, pero la expresión de su rostro me dijo que no era así. Quedé estupefacta tanto por la pregunta como por el valor que tuvo para hacerla. No recuerdo la respuesta literal que le di, pero le dije algo que rondaba entre el deseo de una mujer de tener un compromiso para toda la vida y no tan solo un anillo, la boda o la relación sexual.

Sin embargo, cuando las cosas se ponen duras, muchas parejas se preguntan: *¿Por qué Dios nos pide que permanezcamos juntos hasta que la muerte nos separe? ¿Por qué no nos da la libertad para tomar otro camino cuando la relación ya no trae felicidad?* Por error, estas parejas creen que el objetivo supremo del matrimonio es la felicidad. No es así.

El propósito supremo del matrimonio

El propósito de Dios era que la relación matrimonial fuera un reflejo de su relación con nosotros: una relación que permanece constante, porque no se basa en veleidosos sentimientos ni en el valor del ser humano, sino más bien se basa en un compromiso inalterable. La prueba de este plan la encontramos en Efesios 5:31-32, cuando Pablo reflexiona sobre la creación del matrimonio por parte de Dios:

> «Por eso dejará el hombre a su padre y a su madre, y se unirá a su esposa, y los dos llegarán a ser un solo cuerpo». Esto es un misterio profundo; yo me refiero a Cristo y a la iglesia.

Fíjate que la Escritura no dice: «El hombre dejará a su padre y a su madre y se unirá a su mujer y *vivirán felices para siempre*». Pablo no menciona nada acerca de la felicidad. Dice que nuestra relación ilustra el compromiso que Cristo tiene con la iglesia y el objetivo de Cristo no consistió tanto en hacer que la iglesia sea *feliz*, sino en hacer que sea *santa*. Piensa en las palabras que Pablo les dijo a los efesios justo antes del mencionado pasaje:

> Esposos, amen a sus esposas, así como Cristo amó a la iglesia y se entregó por ella *para hacerla santa*. Él la purificó, lavándola con agua mediante la palabra, para presentársela a sí mismo como una iglesia radiante, sin mancha ni arruga ni ninguna otra imperfección, sino santa e intachable. (Efesios 5:25-27, énfasis añadido)

¿Lo captaste? Cristo entregó su vida por la iglesia *para hacerla santa y sin mancha*. Aunque la felicidad es un gran don, la santidad es un regalo muchísimo mayor. Si aprendemos a ser más semejantes a Cristo en esta tierra, tendremos mayores recompensas eternas en los cielos.

El matrimonio nos ofrece una oportunidad increíble para hacernos más santos, más semejantes a Cristo. ¿Cómo? De dos maneras. La primera es a través de lo que mi pastor llama sesiones de santificación:

esas conversaciones o acontecimientos en el matrimonio que ponen de relieve nuestras fallas de carácter y nos llevan a cambiar para mejor. La segunda es a través del aprendizaje para ofrecerle a nuestro cónyuge el amor y la aceptación incondicionales que Cristo nos ofrece a pesar de nuestras imperfecciones. Este intercambio de misericordia es un elemento vital en el matrimonio. Puede ejercitar nuestros músculos espirituales de una manera extraordinaria, y nos proporciona una fuerza espiritual que va más allá de lo que somos capaces de desarrollar por cuenta propia.

Examinemos con más atención estas dos maneras.

El desarrollo de la santidad a través de las sesiones de santificación

Todas las mañanas, me maquillo y me arreglo el cabello frente al espejo que está sobre el lavabo del baño. Si quiero mirar cómo me veo de pies a cabeza, tengo que recurrir al espejo grande que está en nuestro dormitorio. Sin embargo, cada uno de estos espejos refleja solo mi apariencia física. Para ver la verdadera imagen de mi apariencia espiritual, necesito una clase de espejo diferente: un espejo humano.

Muchas veces, Greg hace las veces de un espejo de cuerpo entero en mi vida, al señalarme los vergonzosos defectos espirituales como la impaciencia, el orgullo, la avaricia y el egoísmo, cosas que casi nunca veo en mí hasta que me doy cuenta de que las ve *él*. Cuando mi esposo me hace notar con buenos modos estos problemas, nuestro matrimonio puede parecerse a un fuego refinador. Estos problemas crean un calor espiritual increíble y sacan las impurezas a la superficie para que queden expuestas a plena vista. Cuando sucede esto, puedo ser obstinada y negarme a tratar los problemas, fingiendo que no existen, o puedo pedirle a Dios, con humildad, que me ayude a quitar de mi vida estas impurezas para ser refinada y poder reflejar la perfección de Cristo con más precisión.

Aunque todos detestamos ver la fealdad en nuestra vida, las sesiones de santificación nos pueden mostrar cómo podemos crecer en lo espiritual y profundizar los niveles de la santidad personal. Cuando nos esforzamos por tener un comportamiento más semejante al de Cristo, les decimos en esencia a nuestros cónyuges y a Dios:

«Mereces lo mejor, así que lo intentaré con más fuerzas». Esta actitud los honra a los dos.

Gary Thomas, el autor de *Matrimonio sagrado*, acepta que en el matrimonio nuestras fallas resultan más visibles de una manera que quizá nunca antes haya sido visible para nosotros y, por lo tanto, pueden guiarnos a un lugar más santo del que hayamos estado jamás. Explica:

> Nuestro objetivo fundamental al entrar en el matrimonio no debe ser la realización, la satisfacción emocional, ni la alimentación romántica, sino ser más semejantes a Jesucristo. Debemos aceptar la realidad que nuestras fallas quedarán expuestas ante nuestro cónyuge y que, por lo tanto, quedarán expuestas ante nosotros también. El pecado no parece tan escandaloso cuando solo lo conocemos nosotros; cuando lo vemos en otro, se magnifica diez veces más. El celibato puede «esconder» la frustración al quitarla de en medio, pero la mujer o el hombre casado no tiene un verdadero refugio. Es difícil ocultar cosas cuando se comparte la misma cama [...]
>
> No me sorprendería que muchos matrimonios terminen en divorcio debido, en gran parte, a que uno de los cónyuges o los dos huyen de las propias debilidades que salen a luz, tanto como de algo que no pueden tolerar en el otro[1].

Por cierto, muchos divorciados huyen de su primer matrimonio y pasan por el segundo o el tercero y descubren que sus propias debilidades los persiguen relación tras relación. Hasta que no tratemos esas debilidades y fallas de carácter, nunca seremos felices en una relación, sobre todo porque nunca estaremos felices con nosotros mismos. No obstante, si aprendemos a ver nuestro pecado a través de los ojos de nuestro cónyuge (y los de Dios), es probable que descubramos el incentivo necesario para perseguir un cambio positivo.

Cuando reconozco la magnitud de mi propio pecado (como rabietas, egoísmo y tantas otras cosas) a través de los ojos de Greg, estas cosas se me hacen más reales que nunca, y no me gusta lo que veo. Me esfuerzo por no repetir ese pecado, no solo por agradar a Dios y evitar la autodestrucción, sino también para evitar que Greg me vea en esa condición pecaminosa. Entonces, trato de morderme la lengua y de no estallar con enojo o, al menos, trato de suavizar el tono para no ofenderlo con mis palabras. Intento concentrarme más en atender sus necesidades que en tratar de manipularlo para que satisfaga las mías. Con respeto, le comunico lo que necesito de él, a fin de que podamos entendernos, no tanto con una actitud de expectativa. En esencia, intento concentrarme en tratarlo más como Cristo lo haría si viviera en nuestra casa. A medida que me vuelvo más semejante a Cristo en mis acciones y actitudes, me vuelvo más santa y estoy más contenta conmigo misma.

El matrimonio no solo puede ayudarnos a encontrarnos cara a cara con nuestros pecados y, de esa manera, a inspirarnos a luchar por la santidad personal, sino que también nos ofrece la oportunidad de ser semejantes a Cristo en cómo respondemos a los pecados de nuestros esposos.

El desarrollo de la santidad a través del amor incondicional

¿Cuál es el mayor regalo que tú y tu cónyuge se pueden entregar? ¿Una casa más grande? ¿Un auto más bonito? ¿Un día para ti sin los niños ni las responsabilidades del hogar? Es probable que la lista de posibilidades mida un kilómetro, pero existe algo que se pueden ofrecer el uno al otro que es mucho más valioso que cualquier otra cosa. ¿Cuál es ese regalo? El mismo regalo supremo que Dios nos dio por medio de Cristo Jesús: amor y aceptación incondicionales a pesar de nuestra naturaleza pecadora.

Así como Jesús entregó su vida por su esposa (la iglesia), Él nos pide que entreguemos nuestra vida por el bien de nuestro cónyuge. Nos pide que amemos a nuestro esposo como Él nos ama a nosotras. En 1 Juan 3:16 encontramos: «En esto conocemos lo que es el amor: en que Jesucristo entregó su vida por nosotros». Nos enseñó a amar de manera incondicional, no «hasta cuando sienta deseos de hacerlo» o «en tanto lo merezcas». Por lo que nos dicen sus palabras, no puedo pensar que Jesús *tenía deseos* de morir por nosotros aquel día: «Padre mío, si es posible, no me hagas beber este trago amargo. Pero no sea lo que yo quiero, sino lo que quieres tú» (Mateo 26:39). Sin embargo, decidió obedecer para que conociéramos el eterno compromiso de amor de Dios hacia nosotros.

El amor temporal o condicional no está en sí en la naturaleza de Dios. Por lo tanto, los compromisos matrimoniales temporales o la aceptación condicional en nuestro matrimonio terrenal no es un reflejo suficiente de lo que quiere Dios. Al permanecer comprometidos con el matrimonio durante toda la vida, recibimos un anticipo de lo que será el cielo cuando disfrutemos del fiel amor de Dios a lo largo de la eternidad.

El esposo de Cathy le dio el generoso regalo del amor incondicional y su misericordia la inspiró a salir de las relaciones adúlteras para perseguir un estilo de vida más santo por el bien de su matrimonio. Esto es lo que escribió en un correo electrónico con respecto a la respuesta que tuvo su esposo ante el pecado de ella:

> Luego de tener diversas aventuras amorosas, supe que nunca llegaría a experimentar una intimidad genuina con mi esposo hasta que se las confesara. Aunque sabía que mi adulterio le daba a Brad todo el derecho para divorciarse, ya no podía seguir llevando una doble vida. Dos meses después de mi última aventura amorosa, estaba abrumada por la culpa y una sensación de que era imperdonable. Mientras viajábamos en el auto, gemía debido al dolor que me producía mi pecado. Brad estacionó a un lado y no hizo otra cosa más que abrazarme durante largo rato. Cuando regresamos a casa, me llevó a nuestro baño y me ofreció realizar una «ceremonia de limpieza» que me ayudara a aliviarme de la culpa. Encendió una vela, llenó la tina con agua tibia y quitó la ropa que cubría mi tembloroso cuerpo. Me ayudó a entrar en la tina, me lavó con suavidad, vertió agua sobre mi cabeza e hizo que sintiera, por primera vez, que de verdad me habían limpiado y perdonado. Aunque nos estamos ocupando de la restauración de la confianza, el amor incondicional

> de Brad es una cuerda de salvamento que me mantiene luchando por ser la persona que quiero ser en realidad.

Tal vez estés pensando: *Es grandioso que Cathy pueda tener esa clase de relación con su esposo, pero el mío no es tan comprensivo ni perdonador.* No cuento este testimonio para que envidies la posición que otro tiene como receptor de semejante misericordia y amor incondicionales. Lo cuento para inspirarte a *ofrecer* esta clase de misericordia y amor incondicionales.

A lo mejor, el testimonio de María sobre cómo respondió al pecado de su esposo pintará en tu mente un cuadro más vívido de cómo debería ser esa misericordia:

> Un domingo por la tarde, mi esposo dormía la siesta y se acercaba la hora de regresar a la iglesia para una cena informal. Entré de puntillas a nuestro dormitorio con la intención de despertarlo con suavidad, pero quedé descorazonada al descubrirlo masturbándose frente al estímulo de una revista pornográfica. De repente, algunas cosas empezaron a tener sentido, en particular, por qué no había iniciado una relación sexual en semanas y por qué me había rechazado cuando yo había tratado de iniciarla. Supuse que el estrés del trabajo era la causa de su desinterés. La expresión de su rostro me dijo que lo afligía la culpa y el remordimiento. No tuvimos tiempo para hablar mucho del asunto hasta mucho más tarde esa noche, pero mientras tanto, el Señor obraba de verdad en mi corazón. Dios me recordó que Michael es solo humano, y me decidí a darle la misma misericordia y el mismo perdón que me hubiera gustado recibir de él si me hubiera descubierto en pecado. Le expresé mi dolor, pero también mi perdón tan pronto como pude. Esto hizo que Michael se sintiera lo bastante seguro como para franquearse y contarme que había tenido esta lucha desde su adolescencia, y para decirme cuánto deseaba serme fiel en lugar de tener tal comportamiento. Asistió a un taller de *La batalla de cada hombre* y sigue viendo a un terapeuta. De vez en cuando

> le pregunto cómo le va con la permanencia en la victoria, pero no le molesta mi pregunta porque sabe que la hago con un espíritu de apoyo. No solo veo avances en nuestro dormitorio (con un restaurado interés en nuestra vida sexual), sino en todas las demás partes de nuestra relación. Esta situación pudo haber destruido nuestro matrimonio, pero en vez de eso le ha devuelto la vida al final.

Creo que debido a la misericordiosa respuesta de María, la calidad de su relación matrimonial mejoró, a fin de cuentas, en lugar de deteriorarse. Si hubiera lanzado toda la condenación, dudo que su esposo hubiera respondido con tanta humildad. La Escritura nos dice que la *bondad* de Dios es la que lleva al arrepentimiento (lee Romanos 2:4). Al comportarse como Dios lo hubiera hecho, al responder de manera bondadosa, preocupada por su esposo, el corazón de María no se endureció en su contra. Su respuesta también creó un corazón tierno en su esposo que se arrepintió y buscó sanidad. ¡Ojalá todas las luchas matrimoniales terminen de esta manera! ¡Ojalá que la conducta de ambos cónyuges los lleven a un nivel mayor de santidad personal y de paz en la relación!

Por supuesto, es probable que el pecado que una esposa o un esposo deba perdonar no sea algo tan grave como lo que hemos mencionado hasta aquí. Algunas veces, los «pecaditos» son los que causan amargura y resentimiento como para construir una muralla entre los cónyuges, y esto es lo que impide que tanto uno como el otro busquen la santidad personal debido a sus corazones endurecidos. ¿Cómo se pueden derribar esas paredes para convertirlas en puentes que nos conecten? Con los ladrillos de la misericordia y el amor incondicional.

Aquí tenemos el ejemplo de dos mujeres que han tenido que implementar estas estrategias de construcción de puentes:

* «Como los dos trabajamos a tiempo completo, mi esposo y yo nos turnamos para buscar a los niños cuando salen de la escuela. En el último año, en dos oportunidades se olvidó que era su turno y dejó a nuestros hijos abandonados en el porche de la escuela. Mi instinto de «mamá osa»

deseaba despedazarlo por ser tan olvidadizo, pero antes de estallar, recordé cuántas veces me olvido recoger la ropa de la tintorería o algo que necesitamos del supermercado. Estamos de acuerdo, la ropa y las provisiones no son ni remotamente tan importantes como los hijos, pero todos tendemos a olvidar algo de vez en cuando. Mi esposo les pidió perdón a nuestros hijos y ellos se lo dieron sin problema. Entonces, yo he decidido hacer lo mismo, en lugar de permitir la división entre nosotros».

- «Debido a mis antecedentes en contabilidad, desde el comienzo de nuestro matrimonio acordamos que yo manejaría las finanzas. Sin embargo, algunas pocas veces nuestra cuenta corriente quedó sobregirada debido a que Norman no me dijo que había hecho una transacción significativa en un cajero automático. Estos errores nos han costado cerca de cien dólares de multa por sobregiros. A ninguno de los dos nos alegra, pero la armonía en nuestra relación vale mucho más para mí que cien dólares».

Sin dudas, nos desalentamos cuando nuestros esposos nos desilusionan. Puede resultar frustrante que no estén a la altura de nuestras expectativas. Cuando descubrimos que tienen lados oscuros que no conocíamos, puede resultarnos horroroso. Por otra parte, también es humillante confesar que tenemos serias fallas de carácter, que luchamos con cuestiones pecaminosas o que no podemos vivir a la altura de ciertas expectativas que tienen nuestros esposos con respecto a nosotras. Sin embargo, en estos momentos los dos tenemos que hacer una elección: podemos tomar la decisión de que las cosas se *amarguen* con resentimiento y condenación, o podemos decidir que las cosas *mejoren* al poner de manifiesto los rasgos del carácter de Dios de amor incondicional y aceptación.

El camino más positivo que nos lleva a la santidad

Dios desea que nos esforcemos por ser santos (separados para sus buenos propósitos). ¿Por qué? *Porque Él es santo* (lee 1 Pedro 1:13-16). En otras palabras, quiere que lleguemos a ser como Él. Cuanto más nos parecemos a Él, más lo glorificamos y, como resultado, los demás se sienten más atraídos hacia Él. Aun así, no podemos esforzarnos por la santidad personal si no lo hacemos por responder ante las personas y las circunstancias como responde Dios. No existen los atajos para llegar a la santidad. No podemos actuar como se le ocurra a nuestra carne y esperar que nuestro espíritu se vea fortalecido. Debemos tomar el curso más positivo y esforzarnos por actuar de manera más semejante a Dios y menos semejante a nuestra naturaleza pecadora, en especial, frente a las luchas matrimoniales.

Para tomar este curso positivo hacia la santidad y para decidirnos a amar de manera incondicional como nos ama Dios a nosotros, a menudo debemos aprender a distinguir entre la persona a la que amamos y el comportamiento que detestamos.

Es probable que hayas escuchado decir que debemos odiar el pecado, pero amar al pecador. Esto puede llegar a significarte una verdadera lucha. Por cierto, no eres la única persona a la que esto le resulta difícil. Separar al pecador del pecado puede ser un verdadero ejercicio espiritual, incluso para las personas más santas. C.S. Lewis confesó que también tenía luchas para amar al pecador a la vez que odiaba el pecado. De repente un día, a Lewis se le hizo claro:

> Pero años después se me ocurrió que existía un hombre con quien había estado haciendo eso toda la vida: yo mismo. Por mucho que pueda aborrecer mi cobardía, mi presunción y mi avaricia, sigo amándome a mí mismo. Nunca me he tropezado con la menor dificultad para hacerlo. Es más, odiaba los hechos porque amaba a la persona. Como me amaba a mí mismo, me entristecía que yo fuera el hombre que hacía tales cosas[2].

Lewis expone un gran argumento. Si podemos amarnos a nosotros mismos a pesar de nuestro pecado, de seguro que, con la ayuda de Dios, podemos encontrar la manera de brindarle el mismo amor incondicional y la misma misericordia a los demás, en especial a nuestro cónyuge. Con esto, hacemos que nuestros hogares sean mejores lugares donde vivir y mejoramos la sociedad en su conjunto al mismo tiempo. Después de todo, los hogares y la sociedad se vuelven más santos cuando los individuos se dedican por completo a la búsqueda de la santidad.

Examinemos las excepciones

Tal vez, estés leyendo este libro como un último esfuerzo desesperado por tratar de hacer que las cosas resulten antes de darte por vencida y te estés preguntando: *¿Dios permite el divorcio?* Los fariseos de los días de Jesús se preguntaron lo mismo. En Marcos 10:2-9, plantearon la pregunta:

> —¿Está permitido que un hombre se divorcie de su esposa?
> —¿Qué les mandó Moisés? —replicó Jesús.
> —Moisés permitió que un hombre le escribiera un certificado de divorcio y la despidiera —contestaron ellos.
> —Esa ley la escribió Moisés para ustedes por lo obstinados que son —aclaró Jesús—. Pero al principio de la creación Dios "los hizo hombre y mujer". "Por eso dejará el hombre a su padre y a su madre, y se unirá a su esposa, y los dos llegarán a ser un solo cuerpo". Así que ya no son dos, sino uno solo. Por tanto, lo que Dios ha unido, que no lo separe el hombre.

Aunque no cabe duda de que Dios no desea el divorcio para ninguno de sus hijos, Jesús reconoce que hay concesiones. Pienso que reconoce tales concesiones porque no desea ver que sus hijos se lastimen sin cesar. La mayoría de los teólogos y los terapeutas concuerdan en que existen tres excepciones legítimas en el compromiso matrimonial: el abuso, el adulterio y la adicción.

Antes de tomarte estas concesiones como una excusa para presentar una demanda de divorcio, por favor, ten en cuenta lo que diré a continuación. No me enorgullece decirlo, pero fui culpable de las tres: el abuso verbal, el adulterio emocional y la adicción a las relaciones. Recuerdo varios momentos en nuestro matrimonio en los que Greg hubiera tenido todo el derecho de ponerme de patitas en la calle y dar un portazo a mis espaldas. Sin embargo, nunca lo hizo. Soy una prueba viviente de que la misericordia, el amor incondicional y el compromiso semejante al de Cristo de un cónyuge pueden cambiar, de verdad, el corazón y la vida de una persona, de tal manera que exista esperanza de una relación matrimonial armoniosa.

Esto no quita que si un hombre es golpeador y temes por tu seguridad, no debas hacerte a un lado para prevenir los daños. Si no está arrepentido de ser mujeriego y esto te pone en riesgo de contraer una enfermedad de transmisión sexual, no creemos que Dios te obligue a seguir en ese matrimonio. Si tu esposo tiene una adicción a las drogas o al alcohol que lo convierte en una amenaza peligrosa para él mismo o para los demás, puede ser necesario un «amor severo» para despertarlo y hacer que busque ayuda.

No obstante, antes de decidir que tu esposo es un caso perdido, considera en oración que tienes el poder de darle un regalo que, tal vez, influya para un cambio total. Si respondes al pecado de tu esposo con misericordia y amor incondicional (y tratas con el tuyo), creo que tienes todas las probabilidades de experimentar el milagro matrimonial que experimentamos Greg y yo, como muchos otros.

Una sociedad sagrada requiere una institución sagrada

Dios diseñó la institución del matrimonio no solo como un medio de traernos bienestar, sino como la base misma de la sociedad. El matrimonio no es un acuerdo temporal que hacemos según nuestra conveniencia y para satisfacer intenciones egoístas. Es un compromiso para toda la vida que requerirá sangre, sudor y lágrimas, contra viento y marea. Cuando nos casamos, le entregamos toda nuestra vida a nuestro cónyuge, en las buenas o en las malas, en riqueza o en pobreza, en salud o en enfermedad, para cuidarlo y amarlo, hasta que la muerte nos separe.

El matrimonio es una relación sagrada que deberíamos valorar por encima de todas las demás y que deberíamos conservar durante toda la vida. En esta relación sagrada y preciosa es donde podemos practicar para ser más santos, ejercitando nuestros músculos espirituales para llegar a ser más semejantes a Cristo.

el ministerio del matrimonio

A los pocos años de casada, me deleitaba con orgullo en diversos ministerios. Prestaba servicio como pastora de jóvenes. Como tal, dirigía campamentos de verano para jóvenes y preparaba sus contenidos, conducía un estudio bíblico para muchachas adolescentes, hablaba en retiros dedicados a la educación de la abstinencia y participaba de varios comités en nuestra iglesia.

Aunque Greg fue consejero de jóvenes en la iglesia cuando nos conocimos, me di cuenta que, en ese momento, no participaba de ningún ministerio que no fuera la asistencia a la iglesia y a la Escuela Dominical. Por más que trabajaba cincuenta horas a la semana como interventor financiero de uno de los mayores hospitales cristianos sin fines de lucro de Dallas, suponía que eso era un trabajo, no un ministerio. Me parecía que haraganeaba en su servicio a Dios y que necesitaba parecerse más a mí. Un día, tuve la audacia de acercármele para decirle: «Cariño, parece que no tienes tu mente tan puesta en el ministerio como yo. ¿A qué se debe?».

Me miró a los ojos y me contestó: «Shannon, cuando nos casamos, Dios me dijo que *tú* debías ser mi ministerio exclusivo hasta que me dijera otra cosa, y aún no me ha dicho que cambie de dirección». *¡Ay!* Una vez más, la verdad me dolió. Yo *era* el ministerio a tiempo completo de Greg y, con la confusión mental que tenía en ese entonces, lo necesitaba. Si sus esfuerzos hubieran estado dirigidos hacia cualquier otra parte, es probable que me hubiera sentido más desesperada por buscar cuidado y afecto para mis necesidades emocionales en relaciones extramatrimoniales malsanas. Además, estaba en condiciones de buscar la sanidad y de explorar el llamado de Dios a mi vida. Greg trabajaba duro para sostener a nuestra familia, y así me daba completa libertad para participar en las actividades de la iglesia, en el estudio de la Palabra de Dios, para ver a un terapeuta cuando fuera necesario, alcanzar mi maestría, escribir y enseñar.

Durante la primera década de nuestro matrimonio, Greg sintió que debía darme el ejemplo de que el matrimonio es un ministerio y que merece mucha atención. Escribe:

> Muchos oran diciendo: «¡Señor, dame un ministerio! ¡Muéstrame qué puedo hacer por ti!», mientras la respuesta se encuentra justo debajo de sus narices. Así es, el mundo necesita a Jesús, pero nuestros cónyuges e hijos necesitan con urgencia ser los receptores primarios de los esfuerzos de nuestro ministerio. Si salvamos al mundo pero perdemos nuestro matrimonio o nuestra familia en el proceso, ¿qué efecto tiene esto en nuestro testimonio? ¿Podemos hacer más en realidad por los otros de lo que podemos hacer por los que viven bajo nuestro propio techo? Como esposos y esposas, como padres y madres, tenemos el poder de ministrarles a nuestras familias como ningún otro puede hacerlo.

Démosle una mirada a las tres maneras principales en las que una esposa puede ministrarle a su esposo: sacar lo mejor de él, poner sus necesidades antes que las propias y darle lo mejor de su tiempo.

Saquemos lo mejor el uno del otro

La Escritura nos dice: «La discusión amistosa es tan estimulante como las chispas que saltan cuando se golpea hierro contra hierro» (Proverbios 27:17, LBD). De todas formas, el proceso para afilar tanto al hierro como a la gente requiere fricción. En el matrimonio, a menudo nos encontramos con asperezas que deben suavizarse o formas toscas que se deben afilar, tanto en nuestro cónyuge como en nosotras. El problema es que algunas parejas confunden *afilar* con *apuñalar*. Puede erigirme en jueza sin misericordia ante lo que percibo como fallas en Greg, pero con un esfuerzo conjunto, puedo animarlo con amor a vencer esas faltas y a convertirse en el mejor hombre, en el mejor esposo y en el mejor padre. Muchas veces, la diferencia entre erigirme en jueza o alentar es solo una cuestión de las palabras que escojo. Por favor, analiza el siguiente cuadro comparativo para algunos ejemplos.

¿Qué me dices de ti? ¿Tienes la tendencia a apuñalar a tu esposo con juicios o a afilarlo con el aliento? ¿Siempre puedes pensar bien de él aun cuando no estés de acuerdo con sus acciones o con una decisión que toma? ¿Puedes exponer tus preocupaciones con calma y sin menoscabarlo? Si es así, él te verá como un precioso regalo de Dios, una verdadera amiga y una valiosa ayuda.

Por otra parte, ¿estás dispuesta a conversar sobre lo que él percibe como debilidades en ti de modo que puedas convertirte en la persona que desea Dios que seas? ¿Tu espíritu es lo bastante humilde como para admitir tus fallas delante de tu esposo y pedirle su guía y sus oraciones para recibir fortaleza?

Si tratamos a nuestros esposos como si diéramos por hecho lo peor de ellos, por lo general, recibimos eso: lo peor. Sin embargo, cuando siempre esperamos lo mejor de alguien, es asombroso ver cómo eso es justo lo que sale a la superficie: lo mejor del carácter de esa persona.

Además de sacar lo mejor el uno del otro, en el matrimonio también se deben colocar los intereses de nuestro cónyuge por encima de los propios.

Sus necesidades antes que las nuestras

Hace varios años, durante nuestro primer viaje misionero a Honduras, nuestra familia aprendió una lección increíble acerca del verdadero servicio. Nuestro equipo se había preparado para bendecir a un orfanato para niñas mediante la construcción de un alojamiento adicional, un camino de concreto y la instalación de un laboratorio de computación donde podían adquirir valiosos conocimientos. Sentíamos que éramos muy «altruistas», ya que nos habíamos tomado un mes entero de nuestras ajetreadas vidas, y no veíamos la hora de enviar el boletín informativo con las fotos que les mostraran a los demás cómo habían cambiado las cosas gracias a nuestro trabajo.

Al bajar del autobús el primer día, con las cámaras en mano, el líder del equipo nos llevó a Greg y a mí a un costado y dijo: «Nunca saquen fotos el primer día. Para eso habrá tiempo de sobra cuando termine el viaje». Nos quedamos estupefactos. *¿Qué problema hay?*, nos preguntamos. Más tarde esa noche, nuestro líder tuvo la oportunidad de explicar: «Deben establecer una relación con esta gente antes de sacar fotos o, de lo contrario, se sentirán como si fueran tan solo una marca más en su cinturón misionero». *Vaya.* No lo habíamos visto desde ese punto de vista. Nos sentimos mal al pensar que, a pesar de que nuestra intención era *servirlos*, nuestras acciones indicaban que queríamos que ellos satisficieran *nuestras* necesidades primero: nuestra necesidad de una buena foto para el boletín que les enviaríamos a nuestros amigos.

Palabras de juicio	Palabras de aliento
«Bueno, ya era hora de que llamaras. No soporto que no llames en todo el día».	«Debes estar muy ocupado hoy, pero me alegra mucho que encontraras un momento para llamar. Extraño tu voz».
«Si de verdad amaras a Dios y a esta familia, ¡no harías semejante cosa!».	«Por mucho que ames a Dios y a tu familia, debe resultarte muy difícil luchar contra este problema».
«Te conozco, lo más probable es que no termines este proyecto, ¿para qué molestarse entonces?».	«Sé que esto no es lo que mejor sabes hacer, así que estoy orgullosa de que trates de resolverlo por ti mismo».
«Esto es muy propio de ti, siempre haces cosas para los demás y dejas a tu familia en último lugar».	«Pienso que es maravilloso que quieras ayudar a esta persona. Sin embargo, antes de que te comprometas, ¿podemos conversar acerca del efecto que podría tener en el tiempo que pasamos juntos como familia?».

¿No es lo que muchos de nosotros hacemos en el matrimonio? Servimos a nuestro esposo, pero en verdad solo es más un astuto ardid para que, a la larga, se satisfagan nuestras necesidades. Aunque no está mal querer que se satisfagan nuestras necesidades, el servicio genuino es satisfacer las necesidades de la otra persona sin segundas intenciones egoístas. En el matrimonio, no se trata tanto de recibir como de dar.

Hace poco tiempo, tuve que recordarlo. ¿Recuerdas la historia del capítulo 2 donde le di a Greg un tiempo extra en el trabajo antes de partir hacia el retiro para escribir y luego le llevé la cena durante toda la semana siguiente mientras tuvo que trabajar hasta tarde varias noches seguidas? Debo confesar que no tardé en comenzar a esperar que me devolviera del mismo modo un favor tan grande. En esa época, usaba por el momento una oficina cerca de la de Greg, mientras remodelaban nuestra casa. Cuando regresaba de almorzar un día, a la entrada del edificio de oficinas se había estacionado la camioneta de una florería. «¿Usted trabaja aquí?», me preguntó la conductora cuando pasé a su lado.

Cuando le respondí que sí, me preguntó si podría entregar unas flores al entrar al edificio. De la parte de atrás de la camioneta sacó un precioso ramo de mis flores favoritas: azucenas perfumadas, rosas rosadas, bocas de dragón violetas y blancas, y muchas más. Lo primero que pensé fue: *Vaya, qué irónico que me pida que yo entregue esto, porque pienso que son para mí.* Sin embargo, cuando miré la tarjeta, el ánimo se me fue al suelo cuando leí *Jacke Ellis* y no *Shannon Ethridge.*

Esa noche, me di cuenta de que mi corazón no sentía ni la mitad del cariño hacia Greg de lo que sentí la semana anterior. Con el fin de no estar demasiado rezongona, me deslicé dentro de la tina de baño para relajarme antes de la cena. Me pregunté por qué estaba de tan mal humor, así que me di cuenta de que todavía estaba desilusionada porque esas flores no fueron para mí. Me parecía que, *otra vez,* Greg no se preocupaba demasiado por satisfacer mis necesidades emocionales. Entonces, me di cuenta de que esperaba algo a cambio por todo lo que hice por él. Si bien era cierto que me había expresado su gratitud a lo largo de toda la semana, las flores hablan más fuerte que las palabras. A pesar de todo, mientras seguía sumergida en la tina, decidí no estar más enfurruñada. Le pedí a Dios que se llevara cualquier expectativa que estuviera siendo un obstáculo para mi servicio desinteresado hacia Greg y que me ayudara a amar a mi esposo por lo que es en lugar de amarlo por los favores que me devuelve. Estuve en condiciones de dejar de lado mis expectativas y disfrutar de una cena relajada y una velada divertida jugando con mi esposo y con mis hijos, lo cual fue un regalo mucho mayor que cualquier ramo de flores.

El servicio desinteresado y el verdadero ministerio dirigido a nuestros esposos requiere también que demos otro regalo, el regalo increíble del tiempo de calidad.

Dale tu mejor tiempo

El tiempo es algo de mucho valor que casi nadie puede perder. En estos días en los que tanto hombres como mujeres desarrollan sus carreras y en los que las madres tienen más obligaciones de las que pueden cumplir, no nos sorprende que el exceso de compromisos sea uno de los principales asesinos de la intimidad. Las quejas que las mujeres atareadas tienen en cuanto a su salud han llevado a la comunidad médica a acuñar un nuevo término llamado «Síndrome de la mujer atareada». La mujer que padece este síndrome puede experimentar aumento de peso, bajo libido, cambios de humor y fatiga. Los médicos creen que estos síntomas responden al estrés de hacer demasiadas cosas, de abarcar mucho y apretar poco, de sentirse abrumada por no lograr todo lo que se debe y resentirse cada vez más ante las expectativas de los otros. A la larga, todo esto puede llevar a la hostilidad y la depresión[1].

Hace varios años, cuando mis hijos se encontraban en edad preescolar, tomé una de las decisiones más difíciles que tomara jamás, pero creo que evitó que cayera presa de este síndrome. Quería comenzar a asistir a una o dos clases para empezar a trabajar con el objetivo de obtener una maestría en orientación terapéutica. La universidad más cercana era una de gran prestigio y muy costosa, y una amiga del personal docente me alentó a que presentara una solicitud pidiendo una beca. A las pocas semanas, me notificaron que me habían otorgado una beca del cien por cien que cubría tanto las clases como los libros. Había una sola trampa. Para acceder a la beca debía asistir *a tiempo completo*. Greg comprendió que esto era un gran honor y sabía cuánto deseaba obtener este título, así que dijo que, de alguna manera, le encontraríamos la solución. Sin embargo, a los pocos días, mientras le expresaba mi gratitud a Dios, oí con claridad que me decía: *No vayas. Ahora no es el momento.* La primera reacción que tuve fue cuestionar la cordura de Dios. «¿Quieres que renuncie a una beca del cien por cien, Señor? ¿No es un regalo de tu parte?» Sentí que me respondía con dulzura: *Sí, yo te lo di, pero te estoy pidiendo que me lo devuelvas. ¿Confías en que puedo cumplir este sueño cuando el momento sea más apropiado?* También tuve una visión en mi mente de una mamá pájaro que dejaba a sus pichones en el nido. Sabía que Dios me decía que nuestra familia era demasiado joven como para que me embarcara en este esfuerzo.

A los cuatro años, mi hijo menor comenzó el jardín de infantes y Dios me dio luz verde para comenzar a trabajar en mi maestría, a través de una universidad que ofrecía un programa de aprendizaje a distancia donde podía ver las clases en vídeo en mi casa, en lugar de viajar hasta el salón de clases varias veces a la semana. Aunque tuve que esperar cinco años para obtener el título y nos costó muchísimo dinero, no me arrepiento de haber rechazado aquella beca durante ese período de nuestra vida.

Los ministerios de escritura y de enseñanza que tengo, también requieren una enorme cantidad de tiempo y energía. No ha sido fácil equilibrar el matrimonio y la maternidad con el ministerio. He tenido que coordinar mis esfuerzos para escribir durante el día, mientras mis hijos están en la escuela, a fin de poder separar el tiempo de trabajo con el tiempo para la familia. Greg y yo programamos citas por la noche o caminatas para conversar, con el objetivo de poder permanecer conectados en lo emocional. Algunas veces, uno de los dos debe viajar y deja al otro desempeñando, durante un tiempito, el papel de madre y padre. Con una estricta moderación, esto puede ser bueno, porque la ausencia puede hacer que nuestros corazones se enternezcan a medida que deseamos cada vez con mayor intensidad que regrese nuestro cónyuge (y nuestros corazones están más agradecidos por las muchas contribuciones que hace el otro en la crianza de los hijos y los quehaceres del hogar). Sin embargo, los

dos hemos aprendido que no podemos dejar nuestro matrimonio en suspenso durante mucho tiempo sin que uno de los dos comience a sentirse ofendido. Cuando son muchas las noches que se prolongan en la oficina, cuando son muchas las noches en la cocina con el mensaje «Arréglatelas por tu cuenta», y demasiadas las respuestas «Oye, cariño, esta noche estoy cansada de verdad», la vida de nuestro hogar se ve descuidada y sufren nuestras relaciones.

Hace poco, recibí un correo electrónico que ofrecía otro gran ejemplo de cómo, muchas veces, podemos olvidar que nuestros esposos anhelan tiempo de calidad con nosotras. Según Tina, su exceso de ocupación hizo que el corazón de su esposo se enfriara con el tiempo. Participaba de una agrupación de Madres de Preescolares, en la que cuidaba niños, tenía grupos de juego, se ocupaba de la biblioteca, la guardería de la iglesia y otros comités cristianos. A veces, se encontraba sin fuerzas y se sentía frustrada porque su esposo, Chris, no compartía más responsabilidades en la casa. Aun así, Chris también se sentía frustrado debido a la falta de energía y disponibilidad de Tina. Ella admite:

> Es lamentable, pero los dos éramos demasiado perezosos para sacar el problema. Día tras día, dábamos la impresión de que todo estaba bien, de que éramos una pareja armoniosa. Con todo, noche tras noche pasábamos las veladas cada vez más distanciados el uno del otro. Suponía que lo que debía hacer era «tragarme» lo que me irritaba y ser la persona mayor. Entonces, ¿qué sucedía si mi esposo pasaba todo el tiempo antes de ir a dormir jugando en la computadora y olvidaba por completo que le había pedido que se preparara el almuerzo (porque yo no tenía tiempo)? Lo único que tenía que hacer era asegurarme de levantarme un poquito más temprano para prepararlo, por supuesto, con bastante resentimiento hacia él.
>
> Por otra parte, mi esposo se sentía cada vez más frustrado de que yo no estuviera disponible. Demasiadas veces me encontraba en el teléfono luego de la cena. A mi modo de ver, solo me ocupaba de mi trabajo, pero él se sentía ofendido y descuidado. Así que recurría a alguna

> otra cosa, como los juegos de la computadora o la televisión. Una vez que yo colgaba el teléfono o terminaba con mi trabajo, lo encontraba haciendo lo suyo, así que me sumergía en un libro o en alguna otra actividad. Nos concentrábamos de continuo en nosotros mismos, pensando solo en que el otro no satisfacía nuestras necesidades.

El testimonio de Tina trae un buen punto a colación: muchos esposos quieren disfrutar de un tiempo de calidad con sus esposas, pero nosotras tenemos que estar disponibles para que eso suceda. Es probable que tu esposo no te pida que lo incluyas en la agenda de tu día, pero se sentiría valorado si dejaras en segundo plano las llamadas telefónicas, los correos electrónicos y las tareas de la casa para que juntos puedan disfrutar de un tiempo sin interrupciones.

Por supuesto, no se necesita una carrera, la búsqueda de una educación, ni actividades fuera de la casa para hacer que la esposa ponga a su esposo en espera. Algunas mujeres permiten que sus hijos consuman tanta cantidad de su tiempo personal y de su energía que no les queda nada para los padres de esos hijos. Muchos hombres se sienten como Karl, que escribió el siguiente correo electrónico:

> Creo que mi esposa es una madre grandiosa, pero debo admitir que puedo sentir bastante celos del tiempo y la atención que les da a nuestros hijos. Trabaja fuera de casa para que estemos en condiciones de permitir que nuestros hijos participen de muchas actividades extracurriculares. Entre llevar a nuestros hijos y a los de otros a las clases de *ballet*, piano, canto, a las prácticas de fútbol, de taekwondo, a los niños exploradores, sumado a todas las veces que se ofrece como voluntaria para estar en sus clases, parece que sus tardes, sus noches y fines de semana están colmados con las actividades de los niños. Lo malo es que estos serían los únicos momentos en los que podríamos estar juntos ya que los dos trabajamos todo el día. Siento que, como resultado, nuestra relación sufre, pero temo que mi familia piense que soy egoísta si separo a mi esposa de mis propios hijos para obtener el tiempo de calidad que anhelo.

Aunque todas queremos ser madres maravillosas que pasamos mucho tiempo con nuestros hijos, no podemos hacerlo a expensas de nuestro matrimonio. Debemos tener cuidado de no convertir a nuestros hijos en ídolos, inclinándonos ante el menor capricho y permitiendo que absorban toda nuestra vida.

Uno de los mayores regalos que los padres les pueden dar a sus hijos es enseñarles que el mundo no gira a su alrededor. Debemos inculcarles la importancia de una vida equilibrada (para todos en la familia) y demostrarles que los padres necesitan su tiempo de calidad juntos y a solas. Por lo tanto, de vez en cuando, deja a los niños en casa con una niñera y sal con tu esposo. Limita sus actividades extracurriculares a un deporte o una actividad cultural, como las lecciones de música o danza. Entre la escuela, la iglesia, la Escuela Dominical, el grupo de jóvenes y una actividad extracurricular, tienen mucha interacción social. Cuando limitas sus actividades, ahorras tiempo y dinero a la vez porque no te encuentras transportando a tus hijos hacia todas las actividades que existen bajo el sol.

Al luchar para que tu matrimonio sea una de tus máximas prioridades, harás una inversión increíblemente valiosa.

No hay otra inversión mayor

Imagina todas las relaciones importantes de tu vida y cuánto tiempo les dedicas para disfrutarlas. Solo una seguirá constante durante toda la vida: la relación con tu esposo. Décadas de vivir bajo el mismo techo, de dormir en la misma cama, de comer en la misma mesa y de una historia en común, rica en el sentido emocional, mental, espiritual y físico, coloca a esta relación en un lugar de privilegio. Sin duda, cuanto más inviertas en tu matrimonio, mayor será la ganancia de tu inversión. Si estás lista para hacer que tu matrimonio sea el centro de los esfuerzos de tu ministerio, sigue leyendo mientras exploramos en la siguiente parte, algunas de las cosas que hacen las esposas para apagar la llama del gozo y la pasión que una vez ardiera fulgurante en los corazones de sus esposos.

TERCERA PARTE

cómo muere su llama de gozo y pasión

las jugarretas de las mujeres

Cuando mi sobrina era pequeña, muchas veces me preguntaba: «Tía Shannon, ¿jugarías conmigo?». Si decía que sí, Carye corría a su habitación y luego aparecía con un juego de mesa en la mano y explicaba: «Bueno, este es *mi* juego, así que *yo* voy a ganar, ¿de acuerdo?». Debido a su edad, Carye no tenía la madurez necesaria para poder decir: «Si me dejas ganar, me ayudaría a sentirme más lista y más adulta, ¿de acuerdo?». Ahora, Carye tiene veintitantos años y nos reímos al recordar esto de que siempre tenía que ganar en sus propios juegos. Sin embargo, no da risa que muchas mujeres adultas sigan haciendo jugarretas e insistan en ganar a cualquier costo.

Por supuesto, no me refiero a juegos de mesa; me refiero a las jugarretas que las mujeres hacen en el matrimonio. De manera subconsciente, muchas podemos ser muy buenas para asignar papeles, poner reglas e intentar ganar de modo que podamos sentirnos mejor con respecto a nosotras mismas o para satisfacer nuestras necesidades. Algunas de estas jugarretas han llegado a costarle a las mujeres el respeto y el afecto de sus esposos o, lo que es peor, la relación matrimonial misma.

En este capítulo, examinaremos varias de esas jugarretas y comenzaremos con una de las más comunes.

Cuando jugamos a la mamá

Uno de los mayores atributos que tenemos como mujeres es el instinto materno que traemos por naturaleza. A la mayoría de las mujeres les encanta cuidar a los demás y asegurarse de que todo se desarrolle sin problemas. No tenemos temor de remangarnos y zambullirnos en medio de las peleas entre hermanos, en las fiestas cuando se quedan a dormir, en los viajes escolares, en el vómito, en la caca, en la sangre o en cualquier otra cosa por el bien de nuestros hijos. Después de todo, tenemos la responsabilidad de su bienestar hasta que estén en condiciones de asumirla por su cuenta.

Una cosa es actuar como madres de nuestros hijos, pero otra es jugar a la mamá con un hombre grande. Aunque a los esposos les gusta que sus esposas hagan algo por ellos, no les gusta cuando los tratamos como a niños. Por ejemplo, Clifton explica:

> Me gusta que mi esposa se ocupe de mí, como cuando me prepara el almuerzo o me plancha la camisa el día antes de una gran reunión, pero algunas veces me habla como si no fuera capaz de hacer cosas solo, ni de tomar decisiones por mi cuenta. En ocasiones, me dice que me abrigue porque, de lo contrario, me resfriaré (como si yo no pudiera decidir cuánta ropa de abrigo necesito ese día), o insiste de manera grosera que me cambie la ropa porque no estoy vestido de modo apropiado para la ocasión, cuando lo que tengo puesto es adecuado a la perfección. No me gusta que me digan qué hacer. Soy un hombre y sé pensar con bastante claridad. No necesito ni me gusta que alguien me diga cómo tengo que vestirme. Es humillante.

Los comentarios de Peter hacen eco de los de Clifton:

> Me pone nervioso la manera en que mi esposa insiste sobre ciertas cosas, como les insiste a los niños que hagan algo en la casa. No puede confiar en que si me lo dice una vez, lo haré. Lo repite una y otra vez hasta que cedo y lo hago exasperado, solo para cerrarle la boca. Me da la sensación de que no me tiene más respeto que el que les

> tiene a nuestros niños. Cuando me trata como a un niño en lugar de como a un hombre, lo último que deseo es tener relaciones sexuales con ella. Me haría sentir como si tuviera relaciones sexuales con mi madre.

A la luz de estos comentarios tan directos, bien haríamos en recordar que solo los hijos necesitan madres, no los hombres grandes. Un hombre necesita una esposa. Por supuesto, debes darle tu ayuda y presentarle tus puntos de vista o tu consejo cuando sea necesario, pero hazlo en forma de aliento, sin esperar que esté obligado a seguirlos al pie de la letra. Esfuérzate por ser su compañera amorosa, no su madre.

Sin duda, en algunas ocasiones he caído en el papel de madre con Greg y he esperado que solo me obedezca. Le he insistido que llegue a casa del trabajo a una determinada hora, en lugar de confiar en que llegará a casa en cuanto pueda. He intentado controlar lo que come y con cuanta frecuencia hace ejercicio, como si no tuviera idea de lo que es llevar una vida sana. He creado listas de un kilómetro de largo para mi amorcito, con las fechas en que necesito que se hagan ciertas cosas, como si yo pudiera tener control absoluto de su tiempo libre. Como les sucedió a Peter y a Clifton, a Greg no le gustó que su esposa estuviera tratando de manejarle la vida a baja escala.

Tal vez, has caído en una trampa similar. Con frecuencia, las mujeres me dicen: «Me siento más como la madre o la jefa de mi esposo que como su compañera», y no dejan de insistirle a sus esposos que ayuden más en la casa. Si esto te parece conocido, recuerda que no puedes exigir la cooperación de tu esposo. Sin embargo, puedes *inspirarla*. Como deseas que tu esposo se sienta motivado en su interior (y no en su exterior) para ayudar, trata de alentarlo con un comentario agradable como: «¿Podrías pasar la aspiradora en algún momento del día de hoy? Y cuando lo hagas, recuerda cuánto valoro lo mucho que te esfuerzas tanto en el trabajo dentro y fuera de la casa». O cuando lo veas realizando alguna tarea en particular, puedes decir: «¡Estoy tan agradecida por tener a un hombre que esté dispuesto a hacer eso!». Sentirá que es tu héroe, en lugar de sentir que es tu hijo rebelde, y es probable que quiera hacer su papel heroico con mayor frecuencia en el futuro.

Mientras que algunas esposas intentan jugar a la mamá en su matrimonio, otras pueden sentirse más tentadas a adoptar el papel de hijas.

Cuando jugamos a la niña malcriada

Aunque no nos hayan dado *todo* lo que queríamos cuando crecíamos, algunas niñas pudieron envolver a sus padres de tal manera que al pestañear con fuerza conseguían casi todo lo que querían. Cuando se trata de una niñita, tal vez no haya problema, pero cuando una mujer manipula las emociones de su esposo para que las cosas se hagan a su modo, crea una dinámica malsana.

Sentí pena por el esposo de una mujer cuando ella me contó: «Puedo sacarle a Dan lo que quiera, siempre que sea razonable, por supuesto. Todo lo que tengo que hacer es cruzar las piernas y no cocinar, y cede al cabo de un par de días». Traducción: «Lo privo de la relación sexual y lo mato de hambre hasta que me consienta cada capricho».

Tal vez hayas jugado a la niña malcriada de maneras más sutiles. ¿Alguno de estos comentarios o pensamientos te parecen conocidos?

- «¡Le he dado toda mi vida, así que lo menos que puede hacer es comprarme __________!» (Llena el espacio en blanco).
- «Cuando éramos novios, no te importaba deshacerte en atenciones, ¿por qué no puedes despilfarrar un poco ahora?».
- «Preferiría pasar los días en un bonito hotel en la playa, en lugar de quedarme en la casa de tus parientes. ¿Acaso no lo valgo?».

Como el dinero (o la falta del mismo) es una de las razones más comunes de las peleas matrimoniales y el divorcio, es importante que no pongamos sobre nuestros esposos o sobre nosotras mismas una carga financiera mayor de la que podamos llevar. Con la invención de la tarjeta de crédito, para crear una deuda imposible de manejar, basta solo con pasar la tarjeta por una ranura magnética y poner una firma. Te puede parecer escandaloso (o puedes sentir cargo de conciencia), pero de acuerdo con una encuesta en línea realizada por la revista *Redbook*, el treinta y tres por ciento de los cónyuges admiten que tienen una deuda excesiva en tarjetas de crédito y no se lo dicen al otro[1]. Cuesta imaginar el estrés que esto le produce al cónyuge que gasta y oculta sus gastos, y cómo afectará al matrimonio el secreto y la deuda cuando el otro cónyuge descubra lo que ha estado sucediendo. Greg y yo tenemos un amigo cuya esposa se suicidó de repente hace varios años, y nadie entendía el porqué. La razón se hizo evidente cuando varias semanas después, llegó la cuenta de la tarjeta de crédito que reflejaba miles de dólares de deuda de los cuales su esposo no sabía nada.

Para evitar el estrés financiero innecesario en tu matrimonio, usa un sistema en el que solo manejes efectivo, cheques o tarjetas de débito, en especial, si eres propenso a gastar dinero prestado con una tarjeta de crédito. Los estudios muestran que los consumidores gastan mucho *más* cuando usan una tarjeta de crédito, porque crea la sensación de «puedo tenerlo ahora y pagar más tarde». Este es un engaño mental que nos hace creer que podemos vivir por encima de nuestras posibilidades sin padecer las consecuencias. Aunque lo que nos ofrece la tarjeta de crédito pueda ser tentador, no hay nada que podamos comprar en un negocio que sea más valioso y satisfactorio que la tranquilidad que ganamos cuando vivimos libres de una deuda excesiva.

Por supuesto, el manejo de las finanzas no es solo cuestión de evitar las deudas; también es cuestión de mayordomía. Es triste, pero he conocido a muchas mujeres que tienen trabajos con salarios tan altos que se sienten en libertad de gastar todo el dinero que quieran sin importarles cómo se sientan sus esposos con respecto a esta mayordomía. También he conocido a unas pocas esposas que casi hacen que el gasto de las chequeras de sus esposos sea su profesión. Se quejan de que están siempre en la oficina, entonces sienten que esto justifica las compras excesivas para llenar las horas de soledad. No obstante, a menudo estos mismos esposos dicen que sienten que tienen que trabajar más horas y con más esfuerzo para mantener los hábitos de compras de sus esposas. Estas mujeres quieren casas mayores y autos más elegantes, pero no están dispuestas a cuidar mucho el dinero, ni a ahorrar, ni a cuidar más los detalles. Sus demandas pueden hacer que los esposos se sientan más como banqueros que como compañeros de la vida y, casi siempre, trabajan una cantidad malsana de horas debido al temor que sienten a lo que podría significar una pérdida del sueldo habitual y, en definitiva, la pérdida de la familia.

Lo más probable es que en nuestros roperos tengamos ropa suficiente y muchos más zapatos de los que necesitamos. Es probable que la gente no se dé vuelta a mirar el auto en el que viajamos, pero la mayoría de las veces nos lleva a donde necesitamos que nos lleve. No precisamente necesitamos una casa mayor, pero sí necesitamos librarnos de todas las cosas que quitan tanto espacio. Recuerda que sin importar cuánto dinero gane cada cónyuge, los esposos tienden a llevar, en su mente, la mayor cantidad de responsabilidad en cuanto a proveer para la familia, porque así es la esencia de los hombres. Lo único que hacemos las esposas cuando exigimos cosas que no necesitamos en realidad es acrecentar esa carga.

Entonces, la próxima vez que desees realizar una compra que pueda tener un impacto importante en el presupuesto familiar, ora para saber si es algo que necesitas de verdad. Si lo es, conversa con tu esposo al respecto y piensa qué sacrificio puedes hacer durante algún tiempo para ayudar a llevar algo de la carga que origine el gasto y para que tu esposo no se sienta abrumado por la petición. Por ejemplo, puedes recortar cupones, renunciar al café que tomas en una cafetería o puedes llevarte el almuerzo al trabajo en lugar de comer afuera.

Si no recibes la respuesta que esperabas, ocúpate de tu desilusión sin entrar en el juego de la manipulación. Recuerda lo que dijo Santiago en el capítulo 4: las peleas surgen, muchas veces, como resultado de los deseos que luchan en nuestro interior y que muchas veces no tenemos algo que deseamos porque no se lo pedimos a Dios o porque nuestras motivaciones no son las adecuadas. Prueba estos tres pasos para remediar estas situaciones:

1. Rinde el deseo a Dios durante algún tiempo y fíjate si desaparece. Muchas veces, los deseos materiales son pasajeros y las ventas de garaje llenas de lo que el año pasado «no podía faltarte» son por lo común un testimonio de esta realidad.

2. Si el deseo permanece aun después de rendirlo, da el siguiente paso y ora para que tus motivaciones se purifiquen, y pídele a Dios que cumpla el deseo de acuerdo con su voluntad.
3. Si pasa el tiempo y no recibes respuesta, pídele a Dios que cambie el deseo de tu corazón o del corazón de tu esposo para que estén de acuerdo con su voluntad.

A lo largo del proceso de estos tres pasos, sin importar cuál sea el resultado de tus oraciones, mantén la unidad y la armonía en tu relación como una prioridad por encima de cualquier compra que desees realizar. No hay nada que puedas comprar ni poseer que llegue a ser tan valioso para ti, para tu matrimonio o para tus hijos como una relación pacífica y de unidad con tu esposo.

En otros momentos, puede suceder que una esposa no sienta la tentación de jugar a ser la niñita, sino de tomar el papel del padre, es decir, del Padre *celestial*.

Cuando jugamos a ser el Espíritu Santo en el pobre pecador

¿Alguna vez has tenido cualquiera de estos pensamientos, o lo que es peor, los has expresado en voz alta?

- *Mi esposo piensa que es cristiano, pero no estoy segura.*
- *Mi vida sería mucho mejor si mi esposo amara al Señor como yo.*
- *Si nuestros hijos conocen a Jesús cuando crezcan, ¡no será gracias a mi esposo!*

Aunque de ningún modo quiero minimizar el dolor de cualquier mujer que viva con un incrédulo declarado, sí quiero señalar que el legalismo y las pretensiones de superioridad moral son dos de las cosas acerca de las cuales más habló Jesús. Muchas tenemos que admitir que, en general, les asignamos el papel del chico malo a nuestros esposos, mientras nosotras estamos rodeadas de un halo angelical. Entonces, ¿qué tratamos de lograr cuando lo hacemos? ¿Tratamos de llevarlo a sentir el deseo de tener una vida más justa o pretendemos hacernos parecer más santas al llamar la atención por su falta de santidad?

Toda mujer cristiana anhela un esposo que sea un fuerte líder espiritual en su hogar. Aun así, algunas veces, a un hombre le lleva años madurar hasta asumir ese papel. Es lamentable que muchas mujeres detengan ese proceso de crecimiento con su propia indignación farisaica, como lo explica Anthony:

> Mi esposa piensa que es una santa consumada porque va a la iglesia cada vez que se abren las puertas, pero puede llegar a ser una persona tan malintencionada que me pregunto si tanta religión le ha hecho algún bien. Si la iglesia está llena de hipócritas como ella, no quiero saber nada de la gente que está allí. A mí me gusta más quedarme en el auto los domingos por la mañana, a solas con Dios, pero no cabe duda que mi esposa piensa que voy a arder en el infierno porque no caliento un banco todos los domingos como lo hace ella. «¡La fe sin obras es muerta!», dice, pero su actitud cínica me muestra que su fe tampoco está muy viva.

La respuesta de Anthony al enfoque de su esposa es un recordatorio gráfico de que solo podemos darles a nuestros esposos un *ejemplo* de lo que es la vida cristiana abundante, no podemos *obligarlos* a que la experimenten. Por mucho que desees que tu esposo esté más comprometido con las cosas espirituales, recuerda que hay un solo Dios: un Padre, un Salvador y un Espíritu Santo, y ese no eres tú. Podemos fastidiar a nuestros esposos lo suficiente como para que cambien un poquito su conducta, pero el cambio profundo y sincero solo es posible a través del poder del verdadero Espíritu Santo, no de lo que tratamos de ser en la vida de nuestro esposo. Solo ora por tu esposo, aliéntalo con amor cuando sea apropiado y permite que el Espíritu Santo haga en su vida lo que solo puede hacer Él.

Por último, como muchos de nosotros llegamos al matrimonio con problemas sin resolver, existe otra jugarreta más que vale la pena mencionar.

Cuando jugamos al paciente-psicoterapeuta

Como les sucede a muchas mujeres, a mí me ayuda hablar sobre algunas cosas. Cuando expreso mis pensamientos, casi siempre recibo una dirección clara en cuanto a cómo resolver un dilema en particular. Cuando nuestros problemas se resuelven con facilidad, nuestro esposo puede ser la persona que nos dé la opinión que necesitamos. Sin embargo, los problemas que no pueden identificarse ni solucionarse con facilidad pueden convertirse en divisiones entre esposos y esposas que producen frustración y confusión.

Esto fue lo que les sucedió a Wendy y a Jeremy. Con el deseo de ser transparente, Wendy le contó a su esposo todos los detalles acerca del abuso sexual que experimentó en la niñez a manos de un vecino. Hacía seis meses que estaban casados y, al comienzo, Jeremy se comportó de manera muy comprensiva. Le dijo que si quería, trabajaría horas extras para pagarle sesiones de terapia. Ella no quiso cargarlo con este gasto, así que le dijo que podía manejar la situación. Sin embargo, casi nunca estaba interesada en tener relaciones sexuales porque le traían demasiados recuerdos del abuso. En cambio, le pedía a Jeremy que tan solo la abrazara mientras hablaba sobre lo que sentía debido al abuso.

Con el tiempo, su esposo se sintió tan frustrado y cansado de oír los amargos recuerdos y las pesadillas recurrentes que dijo: «Mira, no tengo problema en escucharte, pero a menos que quieras que vaya a buscar a este tipo y lo golpee por lo que te hizo, tal vez sea mejor que no me cuentes toda esta historia». Aunque no era lo que Wendy deseaba oír en ese instante, fue un verdadero momento crucial en su relación. Nos cuenta:

> Durante algún tiempo, la respuesta de Jeremy me pareció un rechazo, pero cuanto más lo pensaba, más me daba cuenta de que aunque nunca había asistido a una clase de sicología en su vida, yo buscaba la terapia en él y esto lo había abrumado. Aunque todavía siento que puedo ser sincera con Jeremy, no pierdo mucho tiempo contándole detalles morbosos acerca de cosas por las que no puede hacer nada. A estas las llevo al consultorio de mi terapeuta en lugar de hacerlo al dormitorio.

Como descubrió Wendy, la naturaleza de los hombres los hace resolver problemas. Les encanta ser nuestros héroes, sacarnos de apuros y rescatarnos de nuestra angustia. Aun así, cuando nuestros problemas son demasiado complejos y están arraigados en lo profundo, nuestros esposos pueden sentirse abrumados y frustrados por su incapacidad para arreglar las cosas. Entonces, si necesitas que te resuelvan un problema y tu esposo puede hacerlo, acude a él sin problema. En cambio, si necesitas terapia para superar alguna cuestión que tu esposo no está capacitado para manejar, ve a un terapeuta y hazte un favor a ti misma y otro a él.

Por supuesto, lo mismo sucede en el otro sentido. Si tu esposo tiene problemas muy arraigados que necesita tratar, no se puede esperar que tú seas la única terapeuta que necesita. Aliéntalo y apóyalo, pero no trates de arreglar sus problemas por tu cuenta. Eres su esposa, no su terapeuta.

Un juego en el que siempre se gana

¿Qué me dices de ti? ¿Alguna de estas jugarretas (u otras) han sido baldes de agua sobre la llama de tu matrimonio? ¿Estás lista para renunciar a estas jugarretas a fin de poder comenzar a *inspirar* intimidad en tu relación en lugar de *exigirla*?

Si es así, ponle fin a las jugarretas para lograr que se satisfagan tus deseos o necesidades. Es verdad que todas tenemos momentos en los que nos enfrentamos a la necesidad de cuidar a alguien, momentos en los que deseamos ayudar a otro para que sea una mejor persona, o en los que necesitamos superar problemas para convertirnos en mejores personas, pero las jugarretas nunca son la respuesta. Con la ayuda de Dios, puedes aprender a reconocer y a expresar con palabras esas necesidades y deseos de modo tal que tu esposo se sienta respetado en lugar de manipulado.

La única manera en que experimentarás de verdad una relación plena es amando a tu esposo tal cual lo hizo Dios (en lugar de tratar de hacerlo representar el papel que tú quieres que juegue). Al reconocer y expresar con palabras tus necesidades o deseos, prepararás el escenario para que *ambos* se sientan como ganadores.

la travesía por las escaleras mecánicas emocionales

Mi abuela pasó gran parte de su vida dando vueltas por los centros comerciales y grandes almacenes en busca de los ascensores escondidos. Quién hubiera pensado que las escaleras mecánicas la aterrorizaban. Recuerdo una vez en que mi madre trataba de convencerla para que subiera por una escalera mecánica. La abuela se resistió de tal manera a subirse a esa cosa, que hubieras pensado que el segundo piso se estaba incendiando. Insistió: «En alguna parte de esta tienda tiene que haber un ascensor, ¡o al menos alguna escalera que no se mueva!». Hasta se iba furiosa de la tienda diciendo: «Santo cielo, no tengo tanta necesidad de calcetines de esta tienda. Podemos encontrarlos en cualquier otro lugar en el que no haya que subirse a una escalera mecánica para comprarlos».

Como esposa, desearía parecerme más a mi abuela y evadir, a propósito, las escaleras mecánicas. Por supuesto, no me refiero a escaleras mecánicas físicas, sino a las emocionales, en las que un pasito que Greg dé fuera de la línea asciende a un delito de tercer grado. Te daré algunos ejemplos de cómo ha funcionado esto en nuestra casa y en muchos otros hogares del país.

Preocupaciones por tonteras

No hace mucho, salimos con nuestra casa rodante para disfrutar de un tiempo en familia durante las vacaciones de primavera. Teníamos planeado salir un jueves, así que le pedí a Greg que el martes sacara la casa rodante del bosque y la trajera al camino de entrada para que yo tuviera tiempo de limpiarla y abastecerla de todo lo que necesitábamos. El martes, llovía a cántaros, entonces Greg decidió esperar hasta el miércoles para traer la casa rodante. Sin embargo, la noche del miércoles fue una locura: había que llevar y traer a los chicos a su grupo de jóvenes y a las actividades del ministerio Awana. Además, Greg trataba de dejar todo arreglado en la oficina ya que estaría ausente durante un par de días. Así que, la casa rodante estuvo afuera el miércoles.

Por fin, Greg la trajo el jueves por la mañana, tan solo un par de horas antes de partir. Me dijo que, sin querer, habíamos dejado una sandía en el piso de la cocina la última vez que salimos para acampar (varios meses atrás), pero que ya había limpiado el desastre. En el apuro, recurrí a recoger la ropa, las mantas, los artículos de tocador, la comida y los diferentes equipos para realizar actividades, los puse en maletas y en cestos para la ropa y así, tal cual, los llevé a la casa rodante, con la idea de que la organizaríamos y limpiaríamos más tarde.

Sin embargo, el «más tarde» parecía no llegar nunca. A lo largo de todo el fin de semana, movíamos a cada momento las maletas y cestos de ropa de las camas a la mesa, al piso y de vuelta a las camas. Luego de dos días de caos, esta feliz campista se convirtió en una osa gruñona. «¡Si hubieras traído la casa rodante cuando te lo pedí, no tendríamos este problema!», le dije con brusquedad a Greg. «¡No puedo funcionar de esta manera! ¡Para mí no es diversión!» Parecía no importar que los ataques de mamá contra papá no fueran divertidos para nadie. Me estaban causando molestias. No estaba cómoda. En lugar de levantar el ánimo, vaciar el tráiler y acomodar todo a mi gusto, mamá osa prefirió armar una pelea. Mientras tanto, esto es lo que pensaba papá oso:

> Me molestaba que Shannon me regañara, en especial, frente a nuestros hijos. Para empezar, si queríamos llegar al lugar de campamento a tiempo para ubicar la casa rodante

> antes de que oscureciera, no nos quedaba otra alternativa que poner todo adentro y salir a la carretera. Además, ella suponía que le había dejado la mayor parte del trabajo. No sabía todo lo que me había costado limpiar la suciedad que quedó en el piso de la cocina debido a la sandía podrida, de lo contrario, me hubiera dado las gracias en lugar de refunfuñar contra mí. No me parecía que las maletas y los cestos de ropa fueran un problema tan grande, ya que podíamos sacarlos del camino cuando fuera necesario. No cabía duda de que para ella era un gran problema, pero con refunfuñarme no resolvía el caos. Solo lo generaba más.

Algunas veces, las cosas no salen como las planeamos ni como esperamos. En esos momentos cuando sentimos que las circunstancias de la vida nos desilusionan o nos son adversas, podemos permitir que nuestras emociones suban de tono hasta convertirse en enojo, frustración, resentimiento o profunda depresión (que, en general, cualquiera de ellas empeora la escena) o podemos ser flexibles y sacar lo mejor de la mala situación. Si es del todo necesario, siempre podemos expresar nuestras preocupaciones más tarde, cuando estemos en el momento y en el lugar apropiados, y cuando podamos hablar de un modo amoroso y calmado.

Por supuesto, no siempre son las circunstancias de la vida las que pueden hacernos caer en picada en el aspecto emocional. Algunas veces, permitimos que sean las rarezas de nuestros esposos las que nos vuelvan locas.

Cuando permitimos que sus rarezas nos vuelvan locas

Todos tenemos un conjunto exclusivo de rarezas, y una de las de mi esposo es que tiene muy poco sentido de la orientación. Una vez, llegó tres horas tarde a una importante reunión de negocios al este de Tejas, porque sin querer dobló hacia el lado de Oklahoma. A él no le resultó gracioso, pero sus compañeros de trabajo se divirtieron a sus anchas con su terrible tardanza por haber doblado hacia el norte cuando tendría que haber doblado hacia el sur.

A mí tampoco me costó reírme del incidente, porque no me trajo ningún problema. Sin embargo, en una mañana ajetreada en particular, en la que trataba de que todos se levantaran, se vistieran, comieran, empacaran sus cosas y salieran hacia la escuela y el trabajo, permití que el pobre sentido de la orientación de Greg me hiciera subir a una escalera mecánica emocional de alta velocidad. Salimos de la casa y nos detuvimos frente a una intersección de cuatro vías. Como si estuviera en piloto automático, Greg dobló a la izquierda para ir hacia su oficina, aunque íbamos de camino a la escuela de los chicos, para lo cual había que girar a la derecha. Durante toda la mañana, había ido acumulando tensión y este fue el empujoncito que me hizo volver loca. Con el pie, apreté con fuerza el pedal de freno imaginario frente al asiento del acompañante y grité: «¿*Adónde* vas? ¿Podrías bajar de las nubes y *prestar atención*? ¡Hombre!». En cuanto las palabras salieron de mi boca, yo misma quedé pasmada ante mi comportamiento, en especial porque mi estallido se había producido frente a nuestros hijos.

Otra de las peculiaridades de Greg, que he llegado a apreciar (mucho más que su pobre sentido de orientación), es que no puede irritarse. En lugar de contestarme con un grito luego de mi estallido en esa intersección de cuatro vías o de preguntarme con sarcasmo si quería conducir en su lugar, Greg me miró con calma y me dijo: «¿Podrías tenerme un poquito más de paciencia? No estaba pensando, pero eso no te da derecho a gritarme». Desde luego, por dentro no estaba en calma. Admite que no tenía muy buenos sentimientos hacia mí en ese momento. Yo ya había desayunado, pero la situación requería una gran porción de pastel de humildad como postre.

Al igual que muchos hombres, Greg detesta pedir instrucciones. He oído que los israelitas vagaron por el desierto durante cuarenta años porque Moisés se negó a detenerse y pedir instrucciones para llegar a la Tierra Prometida. Aunque esto puede ser una burda exageración, la mujer que haya estado atrapada en un vehículo sin rumbo con un hombre que se niega a admitir que está perdido, sabe que esta aversión puede volver loca a una persona. Solía permitir que este minúsculo problema de Greg me molestara hasta el punto de la frustración y el enojo. Cuando llegábamos a muchos de nuestros destinos, mi insistencia para que pidiera instrucciones o para que me dejara conducir nos dejaba tan enojados a los dos que ninguno podía disfrutar de la velada.

Ahora, en lugar de gritarle, le pongo la mano en el muslo para llamarle la atención, le hago una bonita sonrisita, levanto la ceja y pregunto: «¿Hacia dónde vas?». Este enfoque permite que él se ría de sí mismo junto conmigo. Aun cuando tengamos poco tiempo, me digo: *¿Acaso alguien perderá la salvación si llegamos un par de minutos tarde porque Greg giró, por accidente, hacia el lado equivocado?*

Si nos perdemos de verdad, he aprendido a no contárselo a los demás cuando llegamos, porque puede parecer que me estoy burlando de su pobre sentido de orientación. También he aprendido que si necesitamos instrucciones de verdad, lograré mucho más si digo: «De todos modos, necesito ir al baño. Si te detienes en esta gasolinera, me aseguraré que estemos en la dirección adecuada». De esta manera, él es mi héroe al detenerse para permitirme ir al baño, no un burro por hacer que nos perdamos.

Ahora, Greg y yo tenemos una nueva manera de asegurarnos que llegaremos a tiempo: el sistema de posicionamiento global (GPS [por sus siglas en inglés]). La historia de *cómo* lo compramos es otra buena ilustración de la manera en que las esposas podemos decidirnos a saltar a otra escalera mecánica emocional o responder a las desilusiones de un modo calmado y racional.

No se acepta un NO como respuesta

Como mencioné en el capítulo anterior, algunas veces tratamos de manipular a nuestros esposos para que nos den lo que queremos y casi siempre el método que usamos es negarnos a aceptar un no como respuesta. Aunque fui culpable de esto en el pasado, esta es una escalera emocional que he aprendido a evadir. Greg explica:

> Hace unos meses, decidimos ordenar un nuevo Toyota híbrido para sustituir el Camry de catorce años que teníamos y aliviar algo de la tensión que generaba en nuestras billeteras el tanque que engullía combustible y el incremento del precio de la gasolina. Cuando ingresamos el pedido, nos dijeron que, por lo menos, pasarían seis meses antes de que pudiéramos retirar el auto. Shannon sugirió que consideráramos el modelo más caro que incluía un sistema de navegación, ya que yo era miembro del club

> «me niego a detenerme y pedir instrucciones». Sin embargo, a mí me pareció que el GPS no valía el dinero extra. Hace diez años, Shannon hubiera hecho pucheros, hubiera insistido en que las cosas se hicieran a su modo o hubiera manipulado la situación de alguna manera para ganar. En cambio, solo dijo: «Está bien, como a ti te parezca». Me pregunto, si a pesar de todo, no se habrá dado vuelta para pedirle a Dios que cambie mi modo de pensar. Tan solo a las cuatro semanas de haber presentado nuestra orden, la llamé un día y le dije: «He estado pensando que tal vez deberíamos ordenar el sistema de navegación».
>
> No me lo refregó por la nariz ni exclamó: «Te lo dije». Solo respondió encantada: «Entonces, ¡*nunca* tendrás que detenerte a pedir instrucciones! ¿Quieres que yo cambie la orden?». Accedí a esta mejora, sobre todo porque estuvo tan conforme al aceptar mi no, que yo quise darle un gran sí al saber cuánto deseaba el GPS.

¿Entendiste? Como acepté su no, mi esposo quiso darme un sí incondicional cuando era posible. Sospecho que es probable que tu esposo se parezca mucho al mío. Cuando haces pucheros, lloras o armas un soberano escándalo, lo único que logras es que quiera seguir en sus trece. No obstante, si aceptas su no y respetas sus sentimientos, lo motivarás para que trate de ver las cosas desde tu perspectiva. No te digo esto como un medio de manipular a tu esposo de modo más eficiente, sino como una manera de mantener la unidad y la armonía, de alimentar el gozo y la pasión que los dos desean e inspirar un espíritu de mayor cooperación en cada uno.

También puedes mantener la unidad y la armonía en tu matrimonio al no subirte a la escalera mecánica emocional de pensar que todo gira a tu alrededor.

Cuando nos tomamos las cosas muy a pecho

Cuando Bárbara y Andy eran novios, ella le preguntaba muchas veces en qué estaba pensando. Nueve de cada diez, estaba pensando en ella. Entonces, luego de veintitantos años de matrimonio, ya no sucede lo mismo, lo cual no necesariamente es algo malo. Sin embargo, si

Bárbara le pregunta a Andy en qué está pensando y responde: «No estoy pensando en nada», ella se lo toma a pecho y comienza a pensar en qué ha hecho mal. Comienza a cuestionarlo y a preguntarle por qué casi nunca piensa en ella como solía hacerlo. Andy ha llegado a la conclusión de que «nada» siempre es la respuesta indebida a la pregunta «¿En qué estás pensando?», aunque no esté pensando absolutamente en nada. Admite:

> Si Bárbara me encuentra pensando en algo, puede tratarse de lo que necesito hacer en la oficina o en cuánto deseo ir a jugar al póquer con los muchachos alguno de estos sábados por la noche. No obstante, si llego a decirle lo que tengo en la mente, se enfurruña y se queja diciendo que estoy casado con mi trabajo o que ya no la saco a pasear los sábados por la noche. Amo a mi esposa, ¿pero tengo que pensar en ella cada minuto para probárselo? ¿Debo mentirle y decirle que estoy pensando en ella aunque no sea verdad? Parece un dilema absurdo para un hombre adulto.

La moraleja de esta historia es que debemos interpretar en forma literal lo que dice nuestro esposo, en lugar de tomárnoslo a pecho. Si dice que no está pensando en nada, es probable que sea así.

Recuerdo una vez en la que expresé mi desilusión ante una de las respuestas de Greg «no estoy pensando en nada». Me explicó con sinceridad: «Shannon, no soy lo bastante listo como para tener pensamientos profundos en cada momento del día. Algunas veces, no pienso en nada en realidad. Tengo la mente en blanco. Vegeto. En el trabajo, tengo que pensar todo el tiempo. En casa, quiero tener la libertad de dejar que se enfríe mi cerebro. Por favor, no lo tomes como una señal de que no te amo o que no pienso en ti a menudo».

Es probable que le hagas esta pregunta a tu esposo, de vez en cuando, solo porque deseas conocerlo mejor. Es comprensible, pero trata de no esperar nada en especial en cuanto a lo que *debería* responder cuando le preguntas en qué está pensando. Si crees que debería estar pensando en ti y por eso se lo preguntas, estás buscando aprobación o un cumplido. Con todo, cuando los motivos que te llevan a preguntar son puros (solo deseas sentir una conexión con él en un determinado momento), estarás en condiciones de aceptar cualquier respuesta que te dé, sin importar si es lo que esperabas oír.

O tal vez, al igual que Bárbara, haces esta pregunta para confirmar si tu esposo te ama todavía. Una manera más eficaz de recibir esta aprobación es reconocer tu necesidad e invitar a tu esposo a que la satisfaga diciéndole algo semejante a esto: «En este momento, me siento un poquito insegura y necesito oírte decir que me amas. ¿Podrías decirme lo que te gusta de mí?». También es probable que responda mejor si también le haces algunas preguntas directas, como: «¿Recuerdas lo que pensabas cuando caminaba por el pasillo de la iglesia el día de nuestra boda? ¿Todavía sientes lo mismo? ¿Cuál es el mejor recuerdo que tienes de nuestra vida de casados?». Entiendes a qué me refiero. No te lo tomes a pecho si sus palabras no concuerdan con el guión imaginario con el que soñaste en tu mente. Déjalo que se conecte contigo mediante sus propias palabras y a su manera.

Por último, cuando nos tomamos las cosas pequeñas muy a pecho (y como resultado, tomamos un giro equivocado), podemos encontrarnos con que creamos problemas importantes en nuestra relación, en especial en una habitación de la casa: el dormitorio.

Suspiros son suspiros

Este ejemplo es un tanto personal, pero de acuerdo con las conversaciones que he tenido con otras mujeres y cómo a veces reaccionamos en forma exagerada frente a las cosas pequeñas, a Greg y a mí nos pareció que valía la pena contarlo.

A los seis meses de casados, bien tarde un sábado por la mañana, nos habíamos dado un festín con un desayuno de tocino, huevos, bizcochos y salsa de carne. Los dos sentíamos la gran tentación de desconectar el teléfono y regresar a la cama para dormitar un poco luego del desayuno. Sin embargo, cuando me quité la bata, a Greg se le encendieron los ojitos con esa mirada que dice: «¡Ah, muñeca! ¡Ven aquí!». Me sumergí entre las sábanas y entre sus brazos, y comenzamos a hacer el amor.

Acto seguido, Greg se quedó dormido, y yo quedé sumida en una profunda depresión. ¿Cuál fue el problema? Sabía que se estaba cansando de mí y que lo aburría nuestra vida sexual. ¿Qué me dio esta impresión? ¡Greg *suspiró* en la mitad de nuestra relación sexual!

No fue ninguna clase de suspiro apasionado, como el que esperarías oír de tu esposo mientras haces el amor. A mí me pareció que era más un suspiro como el de: «Uf, estoy cansado y no veo la hora de que esto acabe». ¿Qué me dio esta impresión? La intuición femenina. La mujer solo capta estas cosas, ¿no es cierto? ¡No!

Cuando le dije a Greg cómo me sentía, casi no podía dar crédito a lo que oía. Esto fue lo que pensó:

> ¡Un *suspiro* no es más que un *suspiro*! No entiendo cómo un pequeño suspiro aislado, durante una mañana lenta y luego de un gran desayuno podía traducirse como: «Ya no me entusiasma nuestra vida sexual». Cuando desperté de mi siesta de media mañana y encontré a Shannon llorando a lágrima viva sobre su almohada, tuve temor de que hubiera un verdadero problema serio. Sin embargo, cuando me explicó por qué lloraba, ¡no podía creer que semejante pensamiento le cruzara por la mente!

Contamos este detalle tan íntimo de nuestro matrimonio porque es una ilustración perfecta de cómo Satanás puede tomar algo tan insignificante como un suspiro, puede agrandarlo fuera de toda proporción en la mente de una persona y puede causar una tremenda espiral descendente en la relación. Se dice algo y el que oye lo saca fuera de contexto. A lo mejor, el locutor tiene un mal día, está cansado o se siente estresado por algo que sucede en el trasfondo de la vida. Nos sentimos tentados a tomarlo a pecho y, en lugar de mantener las cuentas claras, creamos toda una historia en nuestra mente para probar que a esa persona, en realidad, ya no le gustamos, no nos ama, no nos respeta, no nos valora o no quiere estar cerca de nosotros. Con cada incidente negativo que permitimos que se sume en nuestra mente, colocamos otro ladrillo entre nosotros y esa persona, y así creamos paredes mentales que solo sirven para separarnos. Sin embargo, no tiene por qué ser así.

Imagina las posibilidades

Piensa en el impacto positivo que podrías causar en tu matrimonio si te negaras a tomar un pequeño suceso, a agrandarlo fuera de proporción en tu mente y a permitir que te altere demasiado en lo emocional. ¿Qué pasaría si no te tomaras a la tremenda las pequeñeces y en cambio fueras flexible ante cualquier hecho inesperado que te aparezca en el camino? ¿Qué pasaría si aprendieras a reírte del pobre sentido de orientación de tu esposo (o de cualquier otra pequeña singularidad que tenga que pueda frustrarte hasta el punto de volverte loca)? ¿Qué sucedería si pudieras aceptar su no sin hacer cualquier clase de escena manipuladora? ¿Qué sucedería si le otorgaras a tu esposo la gracia de tener sus propios pensamientos y te negaras a tomarte las cosas a pecho? ¿Qué sucedería si te aferraras con firmeza a la seguridad de que tu esposo te ama con locura y que desea tener intimidad contigo cuantas veces sea posible? ¿No sería mucho más fácil encender y mantener un gozo y una pasión increíbles en tu relación?

Puedes apostar al sí. Entonces, hazte un favor a ti misma (y a tu esposo) y trata de permanecer firme cada vez que sientas la tentación de treparte a otra escalera mecánica emocional.

el abandono de la línea de banda

Hace poco, me encontraba de visita en casa de una amiga en Colorado que nació el mismo día que yo. Muchas veces, comparamos la manera en que cada una envejece, y surgió el tema del nivel de estado físico que tenemos, que ya no es el mismo ahora que nos acercamos con rapidez al pesado 0 de los 40. «Eras una adolescente bastante activa, ¿no es cierto?», le pregunté a Kia y también mencioné que recordaba las fotos que colgaban en la pared de la fama de su madre, mostrándola como animadora. Se rió y dijo: «Recuerda que crecí en Samoa. Allí, cualquiera puede ser animadora. Toda muchacha que deseaba serlo, entraba automáticamente al equipo. Cuando vine a los Estados Unidos y entré en un instituto con miles de estudiantes, supe que de ninguna manera podía formar parte del equipo de animadoras. Ni siquiera podía hacer la voltereta lateral».

En ese momento, esto me resultó gracioso (y conocido, ya que nunca pude dominar esa voltereta en forma de media luna), y horas después, no podía apartar la historia de la mente. Qué grandioso que a esas muchachas de Samoa se les permitiera ser animadoras, sin importar cuáles fueran sus habilidades. No las presionaban con el rendimiento. Para formar parte del equipo no había que pasar por un concurso de popularidad. Lo hacían solo porque querían.

Aunque no todas las muchachas aspiran a ser animadoras, hubo un momento en mi vida en el que sí quise serlo. Sin embargo, no quería hacer ejercicio todos los días ni hacer la prueba de realizar esas acrobacias temerarias, así que nunca lo intenté. No obstante, si para entrar en el equipo solo hubiera tenido que levantar la mano, ir a practicar y alentar a mi equipo desde la zona que rodea el campo de juego, lo hubiera hecho sin vacilar.

Bueno, ¿sabes una cosa? He descubierto que no es demasiado tarde para cumplir mi sueño de convertirme en una animadora. Todo lo que hace falta es que desee serlo. No hay presiones en cuanto al desempeño. No hay concursos de popularidad. No se esperan piruetas temerarias. El único requisito es que quiera alentar a mi hombre para que obtenga la victoria, tanto en lo que persigue a tiempo como fuera de tiempo. Analicemos las clases de búsquedas y algunas de las maneras en que una esposa puede ser una carga o una bendición para su esposo.

Cuando se añade más estrés

Mientras que las mujeres tienen casi siempre una cantidad inconcebible de responsabilidades que atender, no podemos olvidar que nuestros esposos también le hacen frente a un torbellino de desafíos todos los días. No solo tienen que ganarse el pan, sino que deben ganar la suficiente cantidad de dinero como para asegurar el futuro. No solo tienen que cumplir con su trabajo, sino que deben impresionar al jefe y a los compañeros de trabajo, y tienen que alcanzar objetivos y llegar a las fechas límites de manera que logren mostrar que son capaces, decididos y eficientes.

Tu esposo se enfrenta a un torbellino de presiones diarias, y a menudo cada hora de su día puede parecerle como una batalla cuesta arriba. Necesita saber, sin una sombra de duda, que alguien está de su lado, sin importar lo bueno o pobre que sea su desempeño ese día. Necesita a alguien que se comprometa a alentarlo para que llegue al éxito tanto en el trabajo como en el hogar.

Es lamentable que no todos los hombres describan a sus mujeres como sus mayores admiradoras. Piensa en estos comentarios que surgieron de entrevistas hechas a hombres:

- «Desearía que mi esposa comprendiera que mi trabajo no es la típica rutina de nueve a cinco. Rebeca se molesta cuando se enciende mi localizador personal y tengo que irme a trabajar, sobre todo si se trata de un día en el que tenemos planes especiales. Puedo comprender su desilusión. A mí también me molesta cuando tengo que dejar a mi familia. Aun así, las cosas me resultan mucho más difíciles cuando tengo que salir sabiendo que mi esposa está enojada conmigo».
- «A Kate la invito a que me acompañe en los viajes de trabajo todas las veces que sea posible, pero dice que prefiere quedarse en casa en lugar de estar conmigo y sentirse olvidada, porque mi atención está muy concentrada en el programa o en la gente con la que tengo que interactuar. Parece celosa del tiempo que paso con los clientes, pero no es más que una parte de mi trabajo, y así gano el sustento para mi familia. Desearía que no sienta que debe competir por mi tiempo o mi atención. Me siento destrozado cuando la dejo en casa enfurruñada, porque tengo que irme de la ciudad *otra vez*».

- «He sentido, de verdad, el llamado de Dios para que abandone mi práctica como cirujano ortopédico y sirva como misionero en países extranjeros. Laura ni siquiera se aviene a orar al respecto ni a considerar la posibilidad de que Dios nos esté guiando en esa dirección. Dice que desea que ponga primero a mi familia, pero en el fondo creo que sería bueno para todos viajar y ayudar a la gente tan necesitada. No puedo evitar pensar que, en realidad, la principal razón es el abultado salario al que renunciaríamos para servir como misioneros, y eso hace que me sienta como si quisiera que la sirva a ella en lugar de a Dios».

Como lo indican estas citas, los hombres anhelan que sus esposas los apoyen, los comprendan y los alienten cuando se trata de la carrera que eligen o de un llamado al ministerio.

¿Qué me dices de ti? ¿Alguna vez te sientes molesta por el trabajo de tu esposo? ¿Te sientes celosa de las cosas que tiene que hacer? ¿Eres inflexible con respecto a que cambie o no de carrera debido a cómo te afecta?

Entiendo que hay situaciones en las que una esposa debe expresar, de buen modo, lo que piensa, en especial si su esposo es un adicto al trabajo o a cada momento pasa por alto las necesidades de su familia. No obstante, si te pareces a mí, hay veces en las que tu insatisfacción nace del egoísmo o de los celos del tiempo y la energía que tu esposo le dedica a su carrera, porque esto lo aleja de ti.

Durante esos momentos, ten en cuenta el siguiente panorama: Si tu esposo no tuviera empleo y no tuvieras un salario con el cual vivir, ¿su situación actual no sería un cambio esperado para dejar de preguntarte cómo se las arreglará tu familia para mantener un techo sobre la cabeza y comida en la despensa? No quiero ser melodramática, pero pongamos las cosas en perspectiva. La próxima vez que te sientas molesta por la carrera de tu esposo, pregúntate si tienes una queja legítima y si se pueden hacer modificaciones. Si es así, expón tus preocupaciones con calma y respeto. Por ejemplo, podrías comenzar con algo parecido a esto: «Cariño, ¿podemos sentarnos para evaluar cómo están nuestras vidas en este momento y para conversar acerca de lo que es más importante para cada uno de nosotros y para nuestra familia?». Si te das cuenta de que no se pueden hacer ajustes por cualquier razón, debes saber que tu esposo necesita tu aliento y tu apoyo mucho más que tu inconformidad. Haz lo que puedas para decirle que eres su seguidora número uno, que quieres que tenga éxito en el trabajo y que se sienta bien en cuanto a su capacidad para proveer para la familia. Con esta clase de animadora, deseará venir al hogar cada vez que le sea posible.

Por supuesto, en estos días, aumenta el número de padres que se quedan en la casa a medida que hay más mujeres que ganan salarios lo bastante altos como para ser el único sostén de la casa. Si tu familia entra en esta categoría, espero que alientes con amor a tu esposo de la misma manera en que quisieras que te apoyara a ti si te quedaras en casa. No esperes una casa impecable. Además, debes estar dispuesta a ayudarlo cuando sea necesario durante tus horas libres. Sé sensible ante el hecho de que, algunas veces, le debe resultar difícil lidiar con su condición hogareña (como a veces lo es para las mujeres), y elógialo por su disposición para desempeñar papeles tradicionales y así atender las necesidades de tu familia con mayor entusiasmo.

Dicho esto, ¿estás deseosa de ver cómo tu hombre tiene éxito en el lugar de trabajo, ya sea que se encuentre en un rutinario trabajo de oficina, en un trabajo independiente, en la carretera o al frente del hogar? ¿Quieres que se sienta bien con respecto a las contribuciones que le hace a la sociedad? ¿Deseas que los sueños que tiene en cuanto a su carrera se hagan realidad por el bien de su autoestima y su familia? Con seguridad, esto es lo que deseamos.

Un esposo necesita una animadora que lo apoye, no solo frente a sus responsabilidades de horario de trabajo, sino también ante sus pasiones fuera del trabajo. ¿Conoces a tu esposo lo bastante bien como para saber qué clase de actividades e intereses lo entusiasman y lo renuevan, qué necesita para sentirse pleno y con deseos de vivir? Es triste, pero tuve que aprender esta lección de la peor manera.

Cuando le robamos el gozo

Greg y yo nos conectamos por primera vez durante una salida que hizo la Escuela Dominical para asistir a un partido de béisbol de los *Texas Rangers*. No hacía mucho que nos conocíamos, pero sabía que me sentía atraída hacia él. Jamás olvidaré la expresión de su rostro cuando dije: «Debo regresar un minuto a la camioneta de la iglesia para buscar algo, pero guárdame un asiento, ¿de acuerdo?».

«¡Bueno, vaya, de acuerdo!», respondió con una mirada sorprendida y una hermosa sonrisita. Cuando me senté a su lado en las gradas, las cáscaras de maní ya casi le llegaban hasta los tobillos y se ofreció a compartir sus maníes conmigo. Durante la primera entrada, me advirtió que debería irse temprano porque debía jugar su propio partido de *sóftbol* esa noche. Le respondí que, al día siguiente, tenía turno con el médico muy temprano, y le dije que lo mejor sería que me fuera temprano con él, si no tenía problema de llevarme hasta casa. En lugar de dejarme en mi apartamento, me preguntó si me gustaría ir a ver su partido. Mi plan subliminal dio resultado. Una salida en grupo se convertía pronto en una cita de dos.

Con asombro, observé cómo jugaba en la primera base. A dos metros veinte, con una envergadura asombrosa, Greg mantuvo un dedo en la base y llegó hasta lo que parecía la mitad del camino hasta el montículo del lanzador para atrapar esas pelotas y tocar a los jugadores del equipo contrario que corrían fuera de la base. Durante nuestro noviazgo, pasé la mayoría de los sábados y al menos una noche a la semana en las graderías descubiertas alentando al equipo de Greg. A él le encantaba tener a su propia animadora personal en las gradas, y a mí me encantaba verlo jugar. Sin embargo, todo eso cambió después que nos casamos y tuvimos hijos. Al volver la vista atrás, pienso que es probable que estuviera molesta debido a que Greg tenía un pasatiempo recreativo que le encantaba y yo, bueno, tenía que ocuparme de los niños. Cuando iba a sus partidos, en lugar de prestarle atención a la primera base, debía asegurarme que mi hijito no se cayera por entre las gradas al cemento, o vigilar a mi hija para que no se escapara en busca de un abrazo de papá en el campo en un momento peligroso. Hasta cambié pañales en esas frías gradas de acero, lo que a mis bebés parecía no importarles, pero a mí sí me importaba. Comencé a tener terror de ir a los partidos.

También hubo otra razón por la que perdí el fervor por sentarme en las líneas de banda durante los partidos de Greg; me avergüenza admitirlo, pero sé que de seguro fue un factor. Mi atención no se desvió de Greg solo para concentrarse en los niños, sino que se desvió también hacia mis propias inseguridades al compararme con todas las demás esposas de los jugadores, en especial con las que todavía no tenían hijos. Tenían los cuerpos intactos, sin kilos de más ni estrías como producto de los embarazos. Llevaban puestos unos conjuntos deportivos ajustados que favorecían sus cuerpos torneados, sus curvas elegantes y sus pieles bronceadas, y yo me sentía sin gracia e intimidada. No me gustaba lo que veía cuando me comparaba mentalmente con las otras esposas, así que no quería estar cerca de ellas debido a las emociones negativas que despertaban mis celos.

Comencé a quedarme en casa cada vez más y a dejar que Greg fuera solo a sus juegos, aunque siempre me instaba a que fuera. Pensé que me había salido con la mía al negarme a ir, pero después de algún tiempo, temía oír el sonido de la puerta que se cerraba y del auto que se iba mientras yo me quedaba en casa con dos niños. No me gustaba que se fuera a los partidos porque quería que se quedara en casa conmigo, y me aseguraba que lo supiera antes de partir. Me parecía que para Greg, el *sóftbol* era una prioridad muy superior a nuestra familia, y me sentía engañada. Llegué a ver al *sóftbol* como si fuera una amante a la que le era más fiel que a mí. No podía darme cuenta de que era un escape que mi esposo necesitaba con urgencia para recargar sus baterías físicas, mentales y emocionales.

Entonces, un sábado por la noche todo entró en crisis. El equipo de Greg se encontraba en el campeonato final, lo que quería decir que si seguían ganando, seguían jugando. En secreto, deseaba que perdieran para que regresara a casa y estuviera con nosotros, pero estuvo fuera todo el día. Por fin, regresó a las nueve de la noche, cubierto de pies a cabeza con tierra colorada y con una gran sonrisa en el rostro. Enseguida anunció que no había venido para quedarse. Solo había venido a llevarse un sándwich porque jugarían de nuevo a las diez. Tenían buenas probabilidades de ganar el campeonato y de obtener el primer premio. No pude sentir ningún entusiasmo ante la noticia. Solo podía pensar en que se iría *otra vez*. En lugar de alegrarme, anuncié: «Me voy a la casa de mis padres y me llevo a los niños. Amas al *sóftbol* más de lo que amas a esta familia, ¡muy bien! ¡Ve a salir por allí con tus compañeros y quédate con tu pelota!».

El entusiasmo de Greg se convirtió en desolación. No podía imaginar que lo dejara por el enojo que me producía la situación y que me fuera a la casa de mis padres a pasar la noche. Me rogó que no traspusiera la puerta. Como eso no me conmovió, se echó al piso, frente a la puerta y dijo: «¡No permitiré que me dejes por esta causa! Esto se puede solucionar y lo haremos». Quedé desarmada cuando vi que podía llegar a semejante grado de humildad como para echarse frente a la puerta para no permitir que me marchara.

Cuando comenzó la siguiente temporada de *sóftbol*, Greg les dijo a sus compañeros que tenía demasiadas cosas entre manos como para comprometerse con el equipo. Hasta dejó de ver los deportes por televisión, lo cual fue un cambio dramático. Solía mirar fútbol americano todos los domingos por la tarde, pero se desconectó de los deportes hasta el punto de no saber siquiera quién estaba en el *Super Bowl* [campeonato de fútbol americano de los EE.UU.] ese año.

Durante varios años, Greg se convirtió en abstemio, sin jugar ni mirar ningún deporte por someterse a mis deseos. Con todo, al mismo tiempo, se estaba marchitando. Al no tener el desahogo que encontraba en el *sóftbol*, su trabajo lo estresaba más y sentía menos entusiasmo por la vida. En el momento, no relacioné el cambio que se había producido en Greg con su alejamiento de los deportes. Sin embargo, si hubiera tenido un compromiso mayor con el corazón de Greg y con la satisfacción de sus necesidades, hubiera visto que aunque había tenido éxito en lograr que pasara más tiempo con nuestra familia, lo había menospreciado por el amor que sentía hacia los deportes y lo había hecho sentir culpable. Fue como si le hubiera arrancado el corazón y se lo hubiera pisoteado.

Algunos años más tarde, cuando nuestro hijo de siete años manifestó su amor por el baloncesto, muchas veces los animaba para que salieran y practicaran unos tiros. Quería que Greg y Matthew se unieran al pasar juntos tiempo de calidad. Cuando querían ver un partido de baloncesto por televisión, no protestaba por el programa de decoración de la casa y el jardín que me perdería. Hasta llegué a acompañar a Greg y a nuestros hijos a varios partidos de baloncesto profesional.

Entonces, un día, se me hizo la luz y le pregunté a Greg: «¿Cuánto te costó renunciar por completo a los deportes durante esos años en los que te fastidiaba al respecto? ¿Es esa la razón por la que perdiste tu pasión por la vida durante un tiempo y ahora pareces haberla recobrado al disfrutar de los deportes junto a Matthew?». ¡Sorpresa! Le di en el clavo. Greg explica a continuación cómo lo afectaron mis demandas inspiradas por los celos:

> Había jugado mucho al *sóftbol* antes de que Shannon y yo nos conociéramos. Fue una parte divertida de mi vida y me proporcionaba un desahogo para la agresión reprimida y una oportunidad para relacionarme con otros hombres de manera masculina. Es difícil explicar la manera en que mi vida se vio afectada al abandonar los deportes, pero no creo que haya sido de ayuda para nuestro matrimonio. Es más, puede haberle mostrado a Shannon que era mi máxima prioridad, pero me convertí en una persona con la que era mucho más difícil vivir. Al menos, comenzó en mi corazón una espiral descendente de resentimiento hacia ella porque no podía comprender la parte vital que eran para mí los deportes. Me sentí incomprendido y herido. Me sentía estafado por mi esposa. ¿Por qué tenía que crucificar mi amor por el *sóftbol* para hacerla feliz si esta había sido una de las cosas que le habían atraído de mí

al principio? Me resultaba muy difícil de comprender. El primer año en que Shannon comenzó a asistir a mis partidos de *sóftbol* fue el mejor de mi vida. Hice mi primera anotación y me encantó que mi muchacha estuviera en las gradas, atenta por completo a mi desempeño.

Sin embargo, cuando Shannon dejó de venir a mis partidos, gran parte de esa alegría desapareció. Para colmo, debía hacerle frente al efecto secundario de llegar a casa para encontrarme con una esposa amargada y enojada. Al principio, traté de defender mi caso, pero mis habilidades para discutir nunca fueron demasiado buenas, y las de Shannon eran supremas, así que nunca podía lograr que comprendiera mi frustración. Parecía que lo único que le importaba era que *yo* entendiera *su* frustración.

Aunque renuncié al *sóftbol*, lo hice por obligación, y aunque me quedaba más tiempo en casa, no estaba allí con un corazón dispuesto. Nadie estaba feliz. Todos habíamos perdido.

Lamento muchísimo haberle quitado a Greg el gozo de jugar al *sóftbol* durante esos años de nuestro matrimonio. Lo estaba condenando por amar algo con pasión y por hacerlo bien. ¡Qué triste es hacer algo semejante! Además, quisiera que me trague la tierra al pensar en los muchos recuerdos maravillosos que nuestros hijos hubieran acumulado si hubieran crecido viendo cómo su papá anotaba tantos y más tantos, y detenía a muchos jugadores en primera base como yo había presenciado en nuestros primeros años.

Aunque no puedo rebobinar la cinta, puedo asegurarme que, ahora, Greg sepa que cuenta con todo mi apoyo cuando quiere jugar o mirar algún deporte. Las cosas son muy diferentes en estos días. Él juega al baloncesto todos los lunes y viernes, pero lo hace durante la hora del almuerzo para no restarle ese tiempo precioso a nuestra familia. Este grupo de jugadores considera este tiempo de juego como «compañerismo entre hombres» que es crucial para su semana. Si Greg se pierde uno o dos partidos, siente que se le acumula el estrés y necesita salir y cortar árboles o debe hacer alguna otra cosa esa semana para compensar. Al igual que muchos hombres, tiene una necesidad genuina de participar en alguna clase de actividad física intensa en forma metódica.

Hace poco, fui al gimnasio durante la hora del almuerzo de Greg, a fin de sentarme en la línea de banda y verlo jugar. Me dijo que el solo hecho de saber que lo estaba mirando y admirando lo ayudó a jugar mejor ese día, ¡hasta mejor que cuando tenía veinte años! Los compañeros le hacían bromas y le decían cómo había hecho alarde delante de su animadora personal, y luego, varios comentaron que les gustaría que sus esposas vinieran a verlos jugar (sorpresa que preparamos algunas semanas después).

Además, Greg mira un partido por televisión de vez en cuando, pero tratamos de que sea un acontecimiento familiar, acurrucados en el sofá con palomitas de maíz. Este año, vio su primer *Super Bowl* en diez años y disfrutó de cada minuto de este partido, porque yo no trataba de hacerlo sentir culpable por descuidarme.

Por supuesto, si tu esposo juega al *sóftbol* varias veces a la semana y los fines de semana, o se pasa todo el domingo en el campo de golf, su amor por los deportes no está equilibrado. Sin embargo, en la mayoría de los casos, los dos pueden llegar a un acuerdo si presentan sus preocupaciones de una manera calmada y respetuosa.

Tal vez tu esposo no tenga una pasión por los deportes, sino por alguna otra actividad que le proporcione gozo y satisfacción. Quizá le guste estar al aire libre para pescar, cazar o trabajar en el jardín, o se sumerja en algún nuevo programa de computación o se esconda en el sótano con su guitarra u otro instrumento musical. Cualquiera que sea el pasatiempo de tu esposo, te aliento a que no interpretes la pasión que siente como algo que te juega en contra. No seas su oponente al suponer que usa estos pasatiempos como un escape de la familia (lo más probable es que no sea verdad). En cambio, aliéntalo a hacer cosas que le gusten y que le den energía. Cuando les permitimos este espacio a nuestros esposos, los inspiramos para que regresen a nosotras mucho más felices, con un mayor deseo de conectarse en lo emocional.

Una de las maneras más rápidas en las que una esposa puede sofocar la llama de la pasión en el corazón de su esposo es abandonando su lugar como animadora. Por lo tanto, haz lo que puedas para ayudar a tu esposo a que sienta tu amor y tu apoyo, ya sea que esté en el trabajo, en el hogar o haciendo algo que le encante. Sé la persona que lo conoce mejor, que lo ama más y que lo anima en cada situación.

la comparación de manzanas con naranjas

Ya sea en la clase de economía doméstica en el instituto o cuando éramos estudiantes universitarios muertos de hambre, la mayoría de nosotros pronto aprendió a hacer comparaciones en las compras. Cuando era adolescente, recuerdo que iba de un concesionario a otro en busca del auto adecuado, devolvía un vaquero porque encontraba otro más barato en otra tienda, incluso, recuerdo que leí la revista de informes al consumidor antes de comprar mi primera computadora. El aprendizaje del arte de comparar nos hace compradores mucho más listos.

Sin embargo, el arte de la comparación puede maldecir nuestras relaciones, en especial la del matrimonio.

¿Por qué no te puedes parecer más a...?

Uno de los errores más vergonzosos que cometí fue decirle una vez a Greg, al comienzo de nuestro matrimonio: «¿Por qué no puedes acercarte a mí con una pasión tan arrolladora como a la que estoy acostumbrada? Si pudieras mostrar un poco más de entusiasmo en hacerme perder la cabeza y terminar en la cama, estaría más dispuesta a ir a parar allí».

Me respondió de manera gentil, pero firme: «Shannon, jamás me compares con otro hombre con el que, para empezar, no te correspondía tener relaciones sexuales».

Fue otro momento terrible en la vida de Shannon Ethridge, pero se trató de una llamada de atención muy necesaria que me señaló que fui injusta al comparar a Greg con un amante del pasado. Si se hubieran cambiado los papeles y Greg hubiera dicho algo como: «¿Sabes? No eres tan delgada y tan hermosa como algunas de las otras muchachas que me han atraído. Si perdieras algunos kilos y te arreglaras un poquito más, te prestaría mucha más atención», me hubiera atravesado con una lanza. Estoy segura de que, en ese momento, él se debe haber sentido de la misma manera.

Luego de mucha reflexión, me di cuenta de que aunque el muchacho con el que comparaba a Greg era muy persuasivo, yo no era la única mujer a la que persuadía. Este hombre llevaba años de experiencia metiéndose a las mujeres en el bolsillo, además de varias ex novias y ex esposas que daban testimonio de esta cualidad. Si hubiera seguido adelante con esa relación, le hubiera tenido la suficiente confianza como para mandarlo a pasear.

Greg, en cambio, era virgen cuando nos casamos. No había tenido experiencia sexual previa, porque se guardaba para *mí*. Todo lo que podía faltarle en la sección de meloso y desenvuelto le sobraba en la sección de confianza. Cuando éramos novios, nunca tuve que preocuparme por pensar si Greg miraba a otra mujer o si yo no era más que otro trofeo en su exhibición de relaciones. Demostró lo que era cuando me observó caminando por el pasillo de la iglesia con un vestido blanco que, con dignidad, cubría todos los amargos errores sexuales cometidos antes de que apareciera él. No se estremeció cuando le confesé mi sórdido pasado antes de comprometernos. Y ahora, yo había caído tan bajo como para compararlo con un hombre que no valoraba en absoluto la pureza sexual, ni la suya, ni la mía. *¡Puf!*

Es lamentable, pero no soy la única esposa que ha caído en la trampa de comparar a su esposo con otros hombres. Mira estos comentarios y pregúntate si alguna vez has hecho alusión a tales sentimientos de algún modo:

- «Su esposo sigue sacándola todas las semanas y a menudo le envía tarjetas y flores. ¿Cómo puede ser que tú ya no lo hagas conmigo?».
- «¿Por qué no puedes estar disponible para los quehaceres de la casa como lo estaba mi padre? ¡Él hubiera arreglado ese problema en un abrir y cerrar de ojos!».
- «Me hace sentir especial que los hombres de la oficina se tomen unos momentos para hablar conmigo y para preguntarme cómo me va. ¿Por qué tú no puedes mostrarme ese interés?».
- «A juzgar por la manera en que cuida el jardín, debe amar a su esposa de verdad. ¿Cómo crees que me siento al mirar el aspecto que tiene nuestro jardín?».

Por supuesto, la comparación que hacemos de nuestros esposos con otros hombres es solo una parte del problema. Algunas veces, también nos ponemos nosotras debajo del microscopio para compararnos.

«Me gustaría que fuera tan bonita como...»

Casi todas tenemos a alguien cerca que nos lleva a comparaciones malsanas, ya sea la animada entrenadora que nos guía en el grupo de gimnasia, la amita de casa que vive al lado y tiene todas sus fotografías en un libro con recortes de Recuerdos Creativos y les corta los sándwiches a sus hijos con formas de estrellas, o las sexy reinas del *glamour* que decoran las pantallas de los televisores. A Jamie, la tentación de comparar le puede venir desde todos los ángulos. Escribe:

> Cuando mi esposo me lleva a cenar, no puedo evitar mirar a las otras mujeres que están en el restaurante y fijarme si son más corpulentas, más pequeñas o más bonitas que yo. Si estoy a la altura de las circunstancias, me siento inflada de orgullo. Si no lo estoy, me siento muy acomplejada y me concentro más en mí que en mi esposo. Por lo general, después me lleva al cine, pero detesto cómo me siento con respecto a mí misma, luego de ver la película.

> Las mujeres como Julia Roberts y Sandra Bullock se ven fantásticas, incluso en los momentos en que su apariencia es desastrosa. Cuando era más joven y más delgada, las celebridades femeninas no me intimidaban tanto, pero ahora que estoy en la década de los cuarenta, es difícil no deprimirse cuando me miro al espejo e imagino que nunca llegaré a verme mejor.
>
> Incluso cuando voy al gimnasio y trato de hacer algo positivo para cambiar mi cuerpo (por millonésima vez), no puedo evitar ver los cuerpos firmes y delgados que solo me recuerdan por qué desearía haberme cuidado mejor cuando tenía veinte años o treinta.

Las mujeres de todas las edades pueden comprender los sentimientos de Jamie. Es fácil compararnos con otras mujeres y cavilar sobre todas las maneras en que no estamos a la altura de las demás. Como mencioné antes, esta es una de las principales razones por las que no quería ir a los partidos de *sóftbol* de Greg, porque no me sentía a la altura de las otras esposas «más bonitas». Cuando lo hacemos, nos privamos de paz, gozo y confianza. Además, cuando hacemos preguntas como: «¿Soy tan bonita como ella? ¿Soy tan buena cocinera? ¿Soy tan buena ama de casa?», en busca de aprobación, también ponemos a nuestros esposos en un increíble aprieto. La mayoría de los hombres son lo bastante listos como para saber que la respuesta a cualquiera de estas preguntas siempre debe ser: «¡Por supuesto, querida!», así que no te molestes en hacerlas. Lo único que logras es magnificar tus inseguridades tanto a sus ojos como a los tuyos. Asimismo, pones sobre los hombros de tu esposo la carga de la responsabilidad de hacerte sentir bien contigo misma, pero este sentimiento es un regalo que solo puedes darte *tú*.

Por supuesto, no les haríamos justicia a los esposos si no nos refiriéramos a otra clase de comparación que los vuelve locos.

Estar a la altura de los demás

Muchas veces, Greg se ha visto atrapado en medio de mis deseos conflictivos. Por un lado, le digo que quiero que pase más tiempo con nuestra familia, y por el otro, le digo que quiero tener un estándar de vida más alto. A continuación, Greg describe el impacto que esto tiene en él y en nuestra relación.

> Uno de los mayores desafíos que he tenido como esposo y padre ha sido encontrar un equilibrio saludable entre el tiempo que paso con mi familia y el que invierto en mi carrera para proporcionarle a Shannon el estándar de vida que desea. Cuando nació nuestro primer hijo, Shannon quiso dejar de trabajar para quedarse con el bebé, y yo deseé que su sueño se hiciera realidad. Trabajé mucho para asegurarme que ascendía lo suficiente en el campo laboral como para cubrir los gastos, cada vez más altos, de la paternidad. Establecimos un presupuesto ajustado y nos arreglamos bien. Sin embargo, cuando llegó el segundo bebé, Shannon quiso mudarse a una casa mayor. La casa donde vivíamos tenía mucho lugar para una familia joven de cuatro (tres dormitorios y dos baños), por lo tanto, pensé que lo que necesitábamos eran menos cosas, no más espacio.
>
> Cuando la casa más bonita del vecindario salió a la venta, supe que me encontraba en problemas. Tenía cuatro dormitorios y dos salas de estar. No obstante, también costaba cincuenta mil dólares más que la casa donde vivíamos. Cuando fuimos a verla, supe que el corazón de Shannon ya se había decidido. La dueña anterior era decoradora de interiores quien creó cada detalle de esa casa según el modelo de una pintoresca casita colonial. La casa era su «tarjeta personal» para atraer clientes. Una vez más, quise hacer realidad los sueños de Shannon, así que corrimos el riesgo y la compramos. Una vez que nos mudamos, nos dimos cuenta de que nuestra decoración no combinaba de manera exacta con el encanto colonial de la casa, así que comenzamos a sustituir un mueble tras otro, lo cual dejó nuestra chequera cada vez más escasa. Con dos bebés en la casa, no tenía mucho sentido que Shannon le pagara a una niñera para poder trabajar y

> ayudar financieramente, así que la carga cayó solo sobre mis hombros.
>
> Luego, a los dos años de vivir en esa casa, Shannon se me acercó con el cantito: «No satisfaces mis necesidades emocionales». Me encontré preso en medio de sus expectativas. ¿Cómo podía satisfacer sus necesidades emocionales si tenía que trabajar más horas para pagar el estándar de vida que quería? Por más bonita que fuera la casa, tengo muy pocos recuerdos agradables del tiempo que vivimos allí. Shannon se sentía sola y desdichada, porque la mayor parte del tiempo solo tenía a dos niños como compañía, y yo me sentía infeliz en el trabajo por las preocupaciones de cómo nos las arreglaríamos para comprar los muebles que queríamos y seguir a flote en el aspecto financiero.

Debo estar de acuerdo con Greg. Me encantaba esa casa de estilo colonial, pero los tres años que vivimos allí fueron, sin lugar a dudas, los más dolorosos de los dieciséis años que llevamos juntos. El deseo de tener más cosas para llenar esa casa y la presión que esto puso sobre nuestro presupuesto trajo como resultado muchos desacuerdos y desconexiones emocionales.

Recuerda, la mayoría de los hombres no necesitan muchas cosas para ser felices. Antes de casarnos, Greg fue muy feliz en un apartamento casi vacío durante dos años. Aunque he aprendido a decorar con un presupuesto bajo, la lección más importante que he aprendido es que la felicidad genuina no proviene de tener cosas más bonitas ni una casa mayor. La felicidad se encuentra en el amor que nos tenemos el uno al otro y en los recuerdos que formamos como familia.

La clave para el contentamiento

¿Cómo puedes abstenerte de la clase de comparaciones que alimentan el descontento? Lo opuesto a comparar y quejarse es, por supuesto, estar contento con el lugar en que estás y con lo que tienes, es negarte a permitir que sueños irreales acerca del futuro te impidan ver que hoy es un día muy bueno. No decimos que esté mal tratar de mejorar nuestra situación actual, ya sea ayudando a tu esposo a convertirse en una mejor persona, mejorando tú misma para poder estar más en paz o poniendo al día el ambiente en el que vives para que sea más propicio para forjar recuerdos felices. La lucha para tener cambios positivos es algo bueno, siempre que no sea a expensas de la unidad matrimonial, como lo fue en los casos que contamos en este capítulo.

La clave para el contentamiento no es tratar de hacer que tu esposo se parezca más al señor fulano de tal, ni esforzarte por parecerte más a la señora fulana de tal, ni tratar de tener una casa tan bonita como la que tiene otra persona en la manzana. La clave del contentamiento es evitar las comparaciones malsanas y estar agradecido por lo que tienes.

Si estás leyendo este libro, lo más probable es que tengas un esposo, algo que desearía tener la mayoría de las solteras. Si puedes levantarte para hacer ejercicio, hazlo con un corazón feliz, dándole gracias a Dios por la buena salud que tienes. Si tienes hijos, da gracias por no ser una de las tantas que luchan contra la infertilidad un mes tras otro. Si tienes un techo sobre la cabeza, comida en la despensa y combustible en el auto, en realidad te encuentras entre las personas más ricas del planeta, en comparación con los que viven en muchos países.

La próxima vez que te sientas tentada a comparar manzanas con naranjas, o a comparar tu situación con otra que, en apariencia es mejor, recuerda que Dios ha preparado estas bendiciones de manera especial para ti, sobre todo para este momento de tu vida. Te ha dado un tamaño, una forma y una personalidad únicos, a fin de que los uses para su gloria en lugar de hacerlo para la tuya. Te ha dado un esposo maravillosamente único (y tal vez unos hijos con la misma cualidad), hasta con algunas fallas de carácter que sirven como grandes recordatorios de que nadie es perfecto en todos los sentidos. Te ha bendecido con una casa cómoda donde puedes refugiarte del mundo y crear recuerdos que satisfarán tu corazón cada vez más a medida que pasan los cumpleaños.

No hay nada, en absoluto, que se compare con el gozo de encontrar contentamiento en estos dones notables que el Señor ha derramado sobre ti. Además, la demostración de este gozo es el secreto para avivar la llama de tu esposo hacia ti. Si no, pregúntale a cualquier esposo cuya esposa haya aprendido el arte del contentamiento en lugar del de la comparación, y lo más probable es que te diga que es un hombre feliz.

Otórgate el regalo de la aprobación

En lugar de mirar a los demás para que nos hagan sentir bien con nosotras mismas, tratemos de levantar los ojos a Dios en busca de su opinión, luego, miremos hacia dentro para reconocer esas cosas que nos gustan de nosotras y que nos hacen sentir bien. Además, prueba uno de estos ejercicios:

* Haz una lista de diez cosas que te gustan de ti. Procura concentrarte en diversas cosas, como tus atributos físicos, mentales, emocionales y espirituales.
* Lee varios versículos de Proverbios y resalta los positivos que te parece que te describen (fija tu atención en pasajes de aliento, como el de la mujer de Proverbios 31, en lugar de concentrarte en pasajes desalentadores como el de la adúltera de Proverbios 5). Dale gracias a Dios por la sabiduría que te ha dado como hija suya.
* Haz una lista de las bendiciones más asombrosas que Dios te ha dado (cosas que ha hecho por ti, personas especiales que ha puesto en tu vida, etcétera), luego, crea un «jardín de bendiciones». A mí me gusta poner piedras alrededor de un árbol, pero a ti quizá te guste plantar flores en algún lugar apropiado. Por cada bendición, coloca en forma estratégica una piedra o una flor formando un diseño bonito, o ponlas alrededor de un árbol. Cada vez que pases junto a ese lugar, sonríe y recuerda cuán bendecida eres.
* Separa una tarde o una noche para hacer algo que te encante, pero hazlo sola. Por ejemplo, puedes caminar, leer, escuchar música, disfrutar de un pasatiempo favorito, etcétera. Disfruta de este tiempo de calidad con tu compañera más íntima en esta tierra (¡tú misma!).
* La próxima vez que hagas ejercicio, piensa en todo lo que haces con el grupo de músculos con los que estás

trabajando. Por ejemplo, tus brazos pueden levantar a los niños o abrazar a tu esposo. Las piernas pueden llevarte a la iglesia. Los ojos leen la Palabra de Dios y hacen que los demás se sientan bien cuando los miras con una sonrisa. Ya entiendes a qué me refiero. Al trabajar cada músculo, dale gracias a Dios por permitirte ser un templo del Espíritu Santo. Dale gracias por haberte elegido para realizar su obra a través de ti.

casado con la sra. (siempre) perfecta

Una de las bromas más memorables que escuchara jamás provino de un anciano que se encontraba en un hogar de ancianos que dijo: «Hace sesenta años, me casé con la Sra. Perfecta. En ese entonces, ¡no sabía que su primer nombre era Siempre!».

A pesar de que en ese momento el comentario me pareció gracioso, desde entonces ha vuelto muchas veces a mi mente, ya que lucho por querer tener el control sobre las cosas y sobre las personas que están en mi vida. Hasta solía decirles en broma a mis amigos: «¡Greg lleva la batuta, pero *yo* dirijo la orquesta!». Sin vacilaciones, Greg era el principal proveedor de la familia. Pagaba todas las cuentas y se ocupaba de los trabajitos que había que hacer en la casa, pero yo quería tener la palabra final en casi todo. Casi siempre *deseaba* con urgencia el control, pues me sentía muy *fuera de control.*

¿Esto te parece conocido?

Aunque con los años me he vuelto mucho más segura en cuanto a mí misma y a mi relación matrimonial, no puedo decir con sinceridad que el problema del control es algo que pertenece al pasado por completo. Por eso me sentí culpable al leer estos correos electrónicos. Marty, casado hace ocho años, escribe:

> Parece que mi esposa piensa que su manera de hacer las cosas es la única, en especial, cuando se trata del trabajo de la casa y del cuidado de los hijos. Ni siquiera me permite tener mis propias ideas sobre cómo hacer algo. Las cosas se hacen a *su* manera o se arma la gorda. Cuando uso un paño diferente al que usa ella, a menudo para quitar el polvo, pierde la compostura. ¿Tiene alguna importancia siempre y cuando quite el polvo de los muebles? Una vez, puse un desodorante ambiental en el baño, pero no tenía la fragancia que ella usa de costumbre en esa habitación, así que me pidió de mala manera que no «mezclara diferentes esencias». ¿Por qué habría de saberlo? También soy una especie de fanático del orden y, de vez en cuando, me tomo un tiempo para organizar la alacena, pero después se queja de que no puede encontrar nada. Siento que la única manera de complacerla es cerrando la boca y permitiendo que me diga qué hacer y cómo hacerlo, ¿pero existe algún hombre que pueda sentirse bien consigo mismo cuando actúa como alguien fácil de controlar?

Lo que señala Marty es verdad. Nuestros esposos no pueden leer la mente, y pueden tener sus propias ideas acerca de cómo prefieren realizar diversas tareas. Siempre y cuando se hagan, ¿hay necesidad de que se hagan como decimos *nosotras*? Solo si queremos que a nuestros esposos les moleste tener que ayudarnos.

Aquí tenemos otro ejemplo de una queja típica de los hombres. Brent, que está casado hace trece años, explica:

> Parece que a mi esposa, Alicia, le gusta disfrutar de una buena pelea y siempre debe tener la última palabra, aunque tenga que musitarla a mis espaldas cuando me voy de la habitación. Algunos de sus comentarios me ponen furioso: «¡Te lo dije!», o «¡Ya lo veremos!»; incluso se burla de mis últimas palabras de una manera increíblemente infantil. Si respondo, sé que la discusión se prolongará y las cosas empeorarán, pero no puedo evitar preguntarme: ¿por qué siente la necesidad de tener siempre la última palabra?

¿Te parece conocido? Si es así, ¿cuál puede ser la razón por la que procuras ganar las discusiones o quieres tener la última palabra? ¿Será para sentirte superior, más inteligente o para sentir que sabes expresar tus ideas? ¿Recurres al comportamiento infantil porque no has aprendido a responder a un conflicto como una adulta madura o tratas de infligirle un daño a tu esposo para sentir alguna clase de justificación o venganza por tu propio dolor?

Cuando insistimos en tener la última palabra, no resolvemos ningún desacuerdo. Lo único que hacemos es dejar grabada esa última palabra en la mente de nuestro esposo cuando se va de la habitación, sintiéndose resentido y falto de respeto. Estoy segura de que estarás de acuerdo conmigo: ganar una discusión no es ni remotamente tan importante como ganar, en definitiva, la admiración y el afecto de tu esposo. Jack, casado hace poco menos de treinta años, escribe:

> A menudo, mi esposa se esconde detrás de una máscara espiritual. Cuando no estamos de acuerdo acerca de algo que deberíamos hacer o no, dice algo así: «Bueno, he orado al respecto, ¿y tú?» o «De verdad, siento que Dios dice...». Creo que puede oír la voz de Dios, pero me trata como si yo no pudiera hacerlo. Por cierto, quiero que se someta a Dios en un grado mayor al que se somete a mí, pero detesto cuando juega «la carta de Dios».

Ten cuidado de jugar la carta de Dios, como lo expresa Jack a la perfección. En el caso de muchas mujeres, esto no es más que una forma espiritualizada de control sobre sus esposos. Si este es el caso, ¿puedes imaginar cómo se siente Dios cuando usamos su nombre para justificar los intentos que hacemos para controlar a nuestros esposos? Con humildad, debemos recordar que nuestros esposos creyentes pueden oír la voz de Dios con la misma facilidad que nosotras, y siempre existe la posibilidad de que Dios pueda darles una palabra que aún no hemos recibido nosotras.

Por último, si insistes en tener todo de tal o cual modo antes de que llegue una visita, puedes sentir un poco de remordimiento al leer las palabras de Rick:

> Lo que más me frustra con respecto a mi esposa es que se vuelve loca si todo no está perfecto por completo cuando llegan las visitas. Me da miedo abrirle nuestra casa a cualquiera. Por lo general, me hace correr como loco haciendo un sinfín de cosas, pero si no me apuro lo suficiente o si, Dios no lo permita, me olvido de hacer algo, se pone hecha una furia. Si algo se me escapa de la mente de vez en cuando, no significa que sea un esposo terrible, ¿no es cierto?

No, Rick, no eres un esposo terrible. Greg no pudo evitar una risita cuando leyó este correo electrónico. Es lamentable que tenga una dolorosa identificación con los estándares perfeccionistas de una esposa. Una vez, grité: «¡Basta de dejar huellas por toda la casa!», solo porque había dejado una marca en la colcha luego de sentarse en la cama para quitarse los zapatos. En otra oportunidad, me sentí molesta porque Greg apagaba las luces que yo había encendido para crear cierto ambiente en la habitación donde habíamos recibido visitas. Otra vez, perdí la compostura porque se olvidó de recoger excremento de animal que había en el patio antes de que llegaran nuestros invitados. Estos estallidos no me enorgullecen, pero he aprendido un secreto. Si para mí es tan importante que se realicen ciertas tareas antes de que lleguen las visitas, le hago una lista a Greg el día anterior. De esta manera, puede organizar su tiempo como le conviene, sin tener que preocuparse por olvidar algo que le he pedido.

Entonces, ¿por qué nos volvemos tan controladoras cuando están a punto de llegar las visitas? Porque deseamos que nuestros invitados se sientan especiales, pero también me parece que puede tratarse de un problema de orgullo. Queremos que los demás piensen que somos una familia perfecta que vive en una casa perfecta. Sin embargo, la realidad es que todos cometemos errores en ocasiones: pasta dental en el lavabo o marcas en la colcha. Tal vez, deberíamos concentrar más nuestro esfuerzo en crear una mentalidad hospitalaria antes de que lleguen las visitas, en lugar de obsesionarnos por cada detalle de nuestras casas y por cada descuido de nuestros esposos.

Cuando tu esposo no puede realizar una tarea que le pediste, lo más probable es que no sea más que una señal de que es humano y puede olvidarse de las cosas (como te sucede a ti), *no* una señal de que no te ama, te respeta, ni te valora.

Quejarse cuando las cosas no se hacen a *nuestro* modo... insistir en tener la última palabra... jugar la carta de Dios... exigir perfección antes de que lleguen las visitas: ¿alguna de estas cosas te resulta conocida? Si es así, exploremos más a fondo lo que hay detrás de esta dinámica en las relaciones.

Comprendamos el deseo del control

¿Qué hay casi siempre detrás del deseo por el control de una mujer? Los expertos concuerdan en que la gran necesidad de control es, en realidad, la manifestación externa de las inseguridades interiores que sentimos. Cuando somos buenos con nosotros mismos, a menudo lo somos con casi todos los que nos rodean. Sin embargo, cuando no nos sentimos muy bien con respecto a nosotros mismos, muchas veces procuramos echarle la culpa a alguna otra persona, mientras les damos vueltas a pensamientos como: *Si mi esposo fuera más atento... Si mis hijos se portaran mejor... Si mi casa estuviera más en orden... Si mis compañeros de trabajo fueran más agradecidos... Mi mundo sería un lugar mejor y me sentiría y actuaría como una mejor persona.*

Por supuesto, las mujeres controladoras te dirán que *deben* ser controladoras para que se hagan las cosas, porque sus esposos son demasiado pasivos. Sin embargo, valdría la pena que nos preguntáramos: *¿Soy controladora porque él es pasivo o él es pasivo porque soy tan controladora?*

Las raíces de la pasividad masculina y del control femenino se pueden rastrear hasta llegar al jardín del Edén. Si recuerdas Génesis 3:6, Adán se encontraba justo al lado de Eva cuando ella mordió la fruta prohibida. Tomaba el control de lo que, según su parecer, le estaba reteniendo Dios. De manera pasiva, Adán le permitió a Eva que se rebelara y hasta siguió su ejemplo. Muchas veces me he preguntado si Adán habrá pensado que no someterse a la petición de Dios de abstenerse de comer aquel fruto, parecía ser un mal menor que no someterse al pedido de su esposa de ser partícipe de su acción. Más allá de cuál fuera el motivo para pecar, la pasividad de Adán dejó una marca perdurable en la humanidad, como lo hizo el deseo de control de Eva.

Cuando procuramos tener el control en lugar de ser sumisas, seguimos los pasos de Eva. Cuando buscamos el control, algunas veces *creamos* en nuestros esposos justo el comportamiento que aborrecemos. Confieso que en el pasado fui culpable de insistirle a Greg que hiciera las cosas a mi manera, y de resentirme luego porque no era un líder fuerte en nuestro hogar. Lo he arrastrado hasta el consultorio del terapeuta por sus «problemas de pasividad», cuando, en realidad, mis problemas de control eran la verdadera raíz de nuestros problemas. Una vez que se presenta esta dinámica, se da lo que Jesús dijo en Marcos 3:25: «Y si una familia está dividida contra sí misma, esa familia no puede mantenerse en pie». Se crea un callejón sin salida para ambos cónyuges. Ella quiere que lidere él, pero no quiere soltar las riendas. Él se siente condenado si renuncia al control y condenado si no lo hace. Cuando los cónyuges entran en una guerra de poder, nadie gana. No podemos completarnos como equipo si competimos el uno con el otro por el control.

Por lo tanto, cuando las mujeres preguntan: «¿Cómo me las arreglo para que mi esposo tome el volante y sea el líder?», les digo: «¡Bájate del asiento del conductor!». En la mayoría de los casos, mientras la esposa trate de manipular y de controlar, casi siempre su esposo viajará en el asiento trasero por el bien de la unidad y en un esfuerzo por hacerla feliz. En cambio, si una esposa confía en su esposo y lo sigue, aun cuando no esté del todo de acuerdo con la manera en que conduce o hacia dónde la lleva, él puede desarrollar el valor o el deseo de convertirse en el líder que ella desea que sea.

Un modelo de sumisión mutua

Por supuesto, cuando hablamos acerca de confiar en tu esposo y de seguirlo, no nos referimos a una sumisión ciega a alguien que abusa de los privilegios de su liderazgo y exige que lo obedezcas sin importar el costo emocional o espiritual. Esto se parece a la relación entre esclavo y amo. Ninguno de los dos debería procurar controlar al otro.

Por eso, la Escritura nos enseña el sometimiento *mutuo* de los unos a los otros y a trabajar juntos como equipo hacia un objetivo en común: la armonía y la unidad. Pablo explica el modelo de sumisión mutua en Efesios 5:21-25:

> Sométanse unos a otros, por reverencia a Cristo. Esposas, sométanse a sus propios esposos como al Señor. Porque el esposo es cabeza de su esposa, así como Cristo es cabeza y salvador de la iglesia, la cual es su cuerpo. Así como la iglesia se somete a Cristo, también las esposas deben someterse a sus esposos en todo.
>
> Esposos, amen a sus esposas, así como Cristo amó a la iglesia.

Una vez más, fíjate que Pablo les encarga tanto al esposo como a la esposa que se sometan *el uno al otro*. Es una calle de dos vías. Además, estas posiciones no son condicionales. No podemos esperar hasta sentir que el otro cónyuge se ha ganado esa sumisión antes de comenzar a hacer nuestra parte.

Tal vez, la lectura de este pasaje te remueva la amargura, porque sientes que tu esposo no te ama como Cristo amó a la iglesia. Es probable que pienses: *Bueno, si me amara así, no tendría ningún problema en someterme a él.* No lo tomes a mal, pero quiero que recuerdes que este no es un libro sobre cómo cambiar a tu esposo. Es un libro sobre cómo una mujer puede cambiar su manera de relacionarse, de modo tal que su esposo responda como anhela ella. Con ese objetivo en mente, pensemos en la sumisión en virtud de cómo podría funcionar en el mundo corporativo.

Un ejemplo del mundo corporativo

Piensa en el ejemplo de un director ejecutivo y un jefe de producción. (Para simplificar, nos referiremos al director ejecutivo como «él» y al jefe de producción como «ella».) A fin de cuentas, el director ejecutivo es el líder al mando, pero delega la autoridad para conducir las operaciones diarias a la jefa de producción. Esta tiene la libertad de establecer objetivos, dirigir al personal, tomar decisiones y hacer sugerencias, de ofrecer sus puntos de vista, etc., pero lo hace como una *extensión* del director ejecutivo, no porque le parezca que él es incompetente o que no está dispuesto a hacerlo por sí mismo. Controla, de manera constructiva, muchos campos de operación, pero siempre respeta el hecho de que está cubierta bajo la autoridad del director ejecutivo. Su posición no es en absoluto una amenaza para él, sino más bien un beneficio y una bendición.

Ahora bien, aplica esta misma dinámica de relaciones al matrimonio. En definitiva, Dios les ha encomendado a los esposos que sean la cabeza espiritual de la casa, pero también creó a la mujer como la «ayuda idónea» del hombre. Piensa en la mujer como una jefa de producción, si así se puede llamar, que se encuentra bajo la autoridad de su esposo, el director ejecutivo de la familia. Puede ser la que establezca ciertas metas, la que tome la batuta en muchos aspectos, la que dirija al personal (o a los hijos), la que tome decisiones, etcétera. Sin embargo, en lugar de hacerlo molesta porque su esposo no está todo el día a su lado, o porque siente que él es incapaz de hacer estas cosas, desempeña este papel con excelencia como una extensión suya. Se encuentra bajo su autoridad, pero de buena gana recibe la delegación de ciertos campos de responsabilidad como una parte vital del equipo de su esposo.

Muchas mujeres se quejan de que sus esposos no toman la iniciativa en los devocionales familiares ni en los momentos de oración juntos. Entonces, ¿qué tiene de malo que la esposa actúe como la jefa de producción y, con alegría, *se ofrezca* a leer un pasaje de la Biblia o a orar, o a *invitar* con respeto al director ejecutivo a que lo haga? Es probable que te sorprendas ante lo bien que puede recibirse esta invitación, si se hace con la actitud adecuada. Recuerda, por el solo hecho de que la esposa tenga la idea o tome la iniciativa con mayor frecuencia, no quiere decir que sea la líder espiritual. Solo quiere decir que es una gran compañera de equipo. Esta es la opinión de Greg sobre este asunto:

> No puedo hacer el énfasis suficiente en lo importante que es que una mujer se plantee este asunto con gran sensibilidad. Para un esposo, puede ser de gran bendición que su esposa inicie los devocionales familiares y los momentos de oración con un corazón alegre. No obstante, cuando lo hace con desprecio hacia él, lo hace sentir humillado y resentido. Te mostraré lo que quiero decir al darte dos ejemplos diferentes.

Enviamos a nuestros hijos a la cama treinta minutos antes de que se apaguen las luces, con la expectativa de que lean la Biblia y tengan alguna clase de tiempo a solas con Dios. Sin embargo, una noche, llegaron las ocho y media, hora en que Matthew debía irse a la cama, pero faltaban menos de dos minutos en el reloj en un partido de los *Dallas Mavericks* (que, en realidad, pueden ser más de diez minutos). Matthew nunca hubiera entendido si yo hubiera sido legalista y le hubiera dicho: «No, debes ir a tu habitación para tener tu tiempo a solas con Dios ahora mismo. Te diré quién ganó cuando venga a arroparte». Entonces, decidí dejar que se quedara en la sala hasta que terminara el partido.

A las ocho y cuarenta, Shannon me llamó a nuestra habitación donde se encontraba haciendo algo en la computadora. Con un tono increíblemente condescendiente dijo: «Tal vez, los momentos de quietud de los niños no sean una prioridad para ti, pero lo son para mí. ¿Hasta cuándo pasarás por alto la hora de irse a dormir de Matthew?». Supuso que yo estaba tan absorto en el partido que había perdido la noción del tiempo. Sin embargo, era muy conciente de la hora y estaba haciendo lo que me parecía mejor, dada la situación. Me fui de la habitación disgustado por su actitud.

Pasaron varios meses. Una noche, cuando nos íbamos a dormir, Shannon me miró a los ojos y con mucha dulzura me dijo: «Greg, ¿alguna vez piensas que no pasamos todo el tiempo que deberíamos conversando acerca de asuntos espirituales en familia? Sé que llevamos a nuestros hijos a la iglesia y que asisten a escuelas cristianas, pero algunas veces me pregunto si podríamos concentrarnos más en su crecimiento espiritual aquí en casa. ¿Qué te parece?».

La actitud de Shannon esta vez fue diferente por completo. No me estaba señalando con el dedo. Se estaba mirando al espejo y cuestionaba la imagen que este le devolvía, una imagen que yo no podía negar que debía mejorarse. Estuve de acuerdo y le agradecí por sacar el tema. Luego, oramos juntos a Dios para que nos ayudara a hacer del crecimiento espiritual de nuestros hijos una prioridad.

La actitud y el enfoque de una mujer pueden determinar la forma en que se recibirá lo que diga o haga y los resultados que obtenga.

Cuando las esposas nos comportamos como la Sra. (Siempre) Perfecta, nuestra rebelión y búsqueda del control solo sirven para alejar a nuestros esposos e interrumpir las conexiones que anhelamos tener con ellos. Por otra parte, la sumisión hecha en amor atraerá sus corazones más cerca de nosotras.

El ejercicio de la mejor forma de control

Si no quieres apagar la llama en el corazón de tu esposo al aparecer como la Sra. (Siempre) Perfecta, utiliza los siguientes principios para que te ayuden a ejercitar la forma de control más constructiva: *el autocontrol.*

- *No des por sentado lo que está bien y lo que está mal.* Si él aborda una tarea de una manera distinta a como lo harías tú, no supongas que tu manera es la adecuada y la suya es la inadecuada. Conserva un corazón enseñable y fíjate si hay algo que puedes aprender de su manera de hacer las cosas.
- *Concéntrate en la meta apropiada.* La meta no es la perfección ni es hacer las cosas a tu manera; la meta es trabajar como un equipo en el que se mantiene la unidad entre los compañeros. Sin dudas, las cosas hay que hacerlas, pero no a expensas de la armonía en tu relación.
- *Acepta el no como respuesta.* Si quieres que él lidere, debes seguirlo. Si no está liderando como quieres, no protestes. Por eso la Escritura dice: «Gotera continua en día de lluvia y mujer rencillosa, son semejantes» (Proverbios 27:15, LBLA). Al aceptar el no como respuesta, le mostrarás respeto, y te sorprenderás al ver con cuánta mayor frecuencia obtendrás un sí.

- *Muestra tu desacuerdo de manera agradable.* En las situaciones en que no puedas ver en sí las cosas de la misma manera, aprende a mostrar tu desacuerdo sin ataques personales ni manipulaciones. Debemos escoger nuestras batallas. Antes de armar un gran alboroto por algo e insistir en que se hagan las cosas a tu modo, pregúntate: «¿Estoy dispuesta a dejar mi vida por *esto*?». Si el asunto es muy serio, piensa en buscar ayuda profesional o alguna clase de mediación para que los ayude a resolver el problema sin perder la integridad de la relación.
- *Pon el problema en oración.* En lugar de manipular, argumentar o tratar de controlar, solo ora y pídele a Dios que te ayude a ver el problema con claridad y a buscar su dirección en cuanto a cómo deberían proseguir con más conversaciones. Recuerda, es probable que no estés considerando todos los hechos. Pídele a Dios que te ayude a ver el panorama general y el papel que Él quiere que desempeñes.

- *No juegues la carta de Dios.* Si Dios puede poner algo en tu corazón, también puede ponerlo en el de tu esposo. En lugar de decirle que debería hacer algo porque Dios te lo dijo a ti (no a él), pídele que ore más acerca de un asunto antes de tomar una decisión final y que, en definitiva, te someterás a lo que él piense que es adecuado.
- *Elogia en lugar de criticar.* Existe una gran diferencia entre criticar y ofrecer aprobación o comentarios constructivos. Ten en mente el enfoque de la galletita Oreo: un elogio seguido por un comentario constructivo como relleno y, luego, otro elogio. Por ejemplo, puedes decir: «Valoro mucho la manera en que prestas ayuda en la casa cuando te lo pido. En el futuro, fíjate que este paño para sacudir el polvo da mejores resultados que el que usas, pero hiciste un gran trabajo y te amo por eso».

El deseo de tener el control puede ser un impulso constructivo en tareas como mantener el orden en la casa, llevar las cuentas y hacer malabarismos con los horarios de varios hijos. Aun así, el uso más constructivo de la tendencia de la mujer a tratar de controlar es dirigir esas energías hacia dentro y no hacia fuera.

No podemos controlar a los demás. Sin embargo, podemos ser muy eficientes controlándonos a nosotras mismas y manteniendo relaciones pacíficas. Tal vez desees que tu esposo piense de un modo más parecido al tuyo o que sea más semejante a ti en ciertos aspectos. Los deslices de su personalidad te pueden frustrar. Tal vez desees armarle una bronca por no hacer algo cuando pensabas o como pensabas que debía hacerse. Con todo, trata de morderte la lengua en su lugar. Controla tu mal genio antes de que este te controle a ti. Espera hasta que estés lo bastante calmada como para discutir la cuestión sin una emoción negativa elevada. Luego, se pueden discutir las soluciones con un corazón que sigue siendo tierno. Entonces, como resultado, seguirás siendo la Sra. Perfecta ante sus ojos.

CUARTA PARTE

enciende su llama de nuevo

lo que los hombres más desean (de verdad)

¿Piensas que sabes lo que más desean los hombres de verdad? En realidad, tendrías una sorpresa agradable si lo descubrieras. Te daré una pista. Este deseo profundo se expresó en las palabras de una canción popular de hace muchos años.

No, no me refiero a la canción de George Michaels «Quiero el sexo que me das». Aunque, sin lugar a dudas, los hombres desean la relación sexual, no es lo que la mayoría expresa como su deseo número uno. Tampoco estoy pensando en «R-E-S-P-E-T-O», de Aretha Franklin. Sin duda, ese también es el deseo de todo hombre, pero sigue sin ser el número uno. De acuerdo con las respuestas de muchos de los hombres entrevistados para este libro, la letra de esta canción de James Taylor «Tu rostro sonriente» refleja lo que más desean: *«Cada vez que veo tu rostro sonriente, yo también tengo que sonreír».*

El mayor deseo de tu esposo no gira en torno a la relación sexual, los deportes, los sándwiches, algún programa de televisión, ni el éxito, sino que tiene que ver con poner una sonrisa en tu rostro.

Lo que ve en tu sonrisa

Le he pedido a Greg que me diga por qué esto es así, al menos desde el punto de vista masculino:

> Hace algunos años, Shannon me preguntó qué era lo que más me atraía de ella cuando éramos novios. Recuerdo que pensé en lo hermosa que se veía la noche en que nos conocimos, mientras jugábamos al *twister* en una reunión recreativa para los jóvenes de la iglesia. Al comenzar a pasar cada vez más tiempo juntos, disfrutaba de su personalidad extravertida y amante de las diversiones. Me encantaba la manera en que venía de un salto a mi lado y comenzaba a ofrecerse como voluntaria en el grupo de jóvenes de nuestra iglesia. Tenía un rostro hermoso, un cuerpo hermoso, una personalidad hermosa y un espíritu hermoso, pero ninguna de estas cosas eran las que *más* me atraían. Lo que más me atraía era que Shannon siempre estaba feliz cuando yo andaba cerca (y más o menos triste cada vez que debíamos estar separados). Su sonrisa me hacía sentir muy bien conmigo mismo y con mi capacidad para hacer feliz a una mujer como ella.
>
> Si no me crees, piénsalo. Finge por un momento que conoces a un muchacho que es todo lo que podías pedir, hermoso por dentro y por fuera, pero si su presencia te intimida o te sientes incómoda a su lado, lo más probable es que no desees pasar cada momento de tu vida junto a él. Todos queremos estar al lado de alguien que nos haga sentir bien con nosotros mismos; así es la naturaleza humana.
>
> Por supuesto, hubo momentos en los primeros años de matrimonio y de paternidad en los que la felicidad de Shannon se desvaneció hasta convertirse en desilusión y, con el tiempo, en una profunda depresión. No es una coincidencia que durante esos años yo luchara por sentirme bien conmigo mismo. La autoestima de un hombre se alimenta de lo buen esposo, padre, proveedor, amigo y amante que es. Cuando no alcanzamos el objetivo y vemos

> la desilusión en el rostro de nuestra esposa como resultado, es como mirarse al espejo y ver al perdedor que siempre hemos temido ser.

Cuando tu esposo te mira, ¿qué ve casi siempre en tu rostro? ¿La mayoría de las veces ve una sonrisa o un ceño fruncido cuando están juntos? ¿Ve en tus ojos ternura o distancia y desilusión? De acuerdo con lo que ve, ¿cómo crees que se siente con respecto a sí mismo?

Tienes el poder para transformar lo negativo

Tal vez, mientras lees este capítulo, pienses: *Sería feliz si mi esposo fuera un poco más* ____________________ (llena el espacio en blanco). Sin embargo, tu felicidad no tiene que depender de las circunstancias. En su libro *Cómo cultivar buenas actitudes,* Robert Schuller cuenta acerca de un hombre notable cuya vida es un testimonio potente de que la felicidad es una decisión:

> El Dr. Viktor Frankl, un eminente siquiatra y autor del famoso libro *El hombre en busca de sentido,* es un ejemplo viviente de tener una actitud que decide ser feliz.
>
> Al Dr. Frankl, que es judío, los nazis lo tuvieron preso durante la Segunda Guerra Mundial. Su esposa, sus hijos y sus padres murieron todos en el Holocausto.
>
> La Gestapo lo tomó e hizo que se desvistiera. Quedó allí desnudo por completo. Sin embargo, se dieron cuenta de que aún tenía puesto su anillo de boda. Al quitarle incluso eso, él se dijo: «Pueden quitarme a mi esposa, pueden quitarme a mis hijos, pueden arrancarme la ropa y la libertad, pero hay una cosa que nadie puede quitarme *jamás*: la libertad que tengo para decidir cómo reaccionaré ante lo que me sucede»[1].

Tiempo después, el Dr. Frankl usó sus experiencias para realizar muchos escritos y conferencias, así como una forma de consejería (llamada la logoterapia) que ha ayudado a miles de personas a hacerle frente a lo que les depara la vida.

De seguro que la felicidad es una decisión, y estar feliz solo puede ser una cuestión de sonreír más a menudo. Es más, algunos estudios indican que nuestras expresiones faciales no son tanto un reflejo de nuestros sentimientos, sino que nuestros sentimientos son en gran medida un reflejo de la expresión facial que tenemos[2]. He experimentado con esta teoría y da resultado. Cuanto más sonrío, más feliz me siento. Tenemos la libertad de escoger tanto nuestras expresiones faciales como nuestras actitudes en cualquier situación dada.

Cuando optamos por las actitudes negativas, irradiamos sentimientos negativos y también podemos esperar ser los receptores de semejante negatividad. Cuando escogemos actitudes positivas, irradiamos sentimientos positivos y recibiremos lo mismo de los demás. Te mostraré cómo actúa esto. Digamos que tu esposo se dedica a las ventas y su empleo requiere que viaje dos semanas al mes. ¿Cómo decidirás responder? Puedes concentrarte en el lado malo y quejarte porque tienes que llevar la carga de manejar la casa sin él. Además, cada vez que te llame mientras esté de viaje, puedes contarle todos los problemas con los que tienes que lidiar y que no sabes cuánto tiempo más podrás soportar el estrés de sus viajes.

O puedes decidir ser feliz. Puedes profundizar el amor y la valoración que siente por ti al despedirlo con una sonrisa en el rostro, a la vez que le dices que entiendes lo difícil que le resulta trabajar tanto y que estás orgullosa de que sea tan buen vendedor. Cuando regresa a casa de un viaje, podrías hacer algo especial para celebrar su regreso: prepararle su comida y su postre favoritos, o conseguir una niñera y salir los dos solos. Estas son las cosas que harán que sienta deseos de regresar a casa y de quedarse el mayor tiempo posible.

Hace poco, una amiga nuestra se enfrentó a un gran desafío matrimonial con la actitud de sonreír y sacar lo mejor de la situación. El esposo de Jill y un pequeño grupo de trabajadores debían renovar todo el edificio de un hotel, con la presión que debían hacerlo en pocas semanas. Cuando le dijo: «Tendré que trabajar hasta tarde la mayoría de las noches y muchos fines de semana durante algún tiempo», ella tenía dos alternativas: podía ponerse molesta ante esta situación (lo cual no hubiera cambiado lo que se requería de su esposo), o podía hacer todo lo posible para que las cosas le resultaran más fáciles a él.

Por fortuna, Jill escogió esta última. Se puso su ropa de trabajo y, muchas noches, fue a trabajar a su lado, tan solo para poder estar juntos. Otras noches, preparaba comida y se la llevaba, a fin de poder disfrutar juntos del receso para la cena. En lugar de quejarse, fue una continua fuente de aliento. Cuando terminó el proyecto, los dos tenían la misma sensación de haberlo logrado, y valoraron mucho más el regreso a las noches libres y a los fines de semana juntos.

Tal vez no puedas acompañar a tu esposo en su centro de trabajo ni puedas llegar a estos extremos para estar a su lado cada vez que sea posible, pero lo importante es que entiendas cuál debe ser la actitud. Mientras más te esfuerces para que tu esposo se sienta bien consigo mismo (y con sus responsabilidades), mejor se sentirán ambos en cuanto a su relación.

Seamos una fuente de fortaleza y de alegría para nuestros esposos. Decidamos ser felices, sin importar cuáles sean las circunstancias de la vida. Comprendo que es más que posible que tu esposo tenga algunas aristas ásperas que, algunas veces, pueden hacer que la «felicidad» sea un desafío. El mío las tiene. Aun así, yo también tengo aristas ásperas, y apuesto a que tú las tienes también. Lo cierto es que todos las tenemos. Sin embargo, no podemos esperar hasta que las aristas ásperas de todos se suavicen para poder gozar de la felicidad. Debemos elegir la felicidad ahora, no solo por nosotras, sino por nuestros esposos y nuestros hijos en especial. Piensa en este pasaje de *Cómo cuidar y tener contento al esposo*:

> Cuando se trata del hogar y las relaciones, las mujeres mandamos. Nuestra responsabilidad es dirigir con sabiduría y amor. Si una mujer no se casa con un antisocial o un narcisista, tiene un «paquete masculino» básico. Y tu hombre básico es una criatura decente con deseos simples: ser el héroe de su esposa, ser su amante soñado, ser el protector y proveedor de su familia, ser respetado, admirado y valorado. Los hombres viven para hacer felices a sus mujeres.
>
> Lo peor que le puede hacer una mujer a su esposo es nunca estar feliz. Además, no lo olvides, estar feliz es más una actitud que una realidad. Cuando las cosas salen mal, cuando hay problemas y desafíos, desilusiones y desastres, es evidente que la felicidad se verá socavada. Sin embargo, cuando miramos ese pedacito de cielo que se abre por

> donde brilla el sol, es un día encantador. Y se convierte en un día encantador para todos los que tocas[3].

Tú, más que ningún otro, tienes el poder de determinar cómo será el día de tu esposo. Tal vez te ayude sentarte y hacer una lista lo más larga posible de cosas por las que puedes estar feliz. Incluso, cuando estoy más deprimida, siempre puedo recitar una larga lista de bendiciones que Dios me ha otorgado, como la salvación, el matrimonio, mis hijos, la buena salud, una familia extendida amorosa, amigos grandiosos, oportunidades para el ministerio, sanidad de mi pasado, seguridad para el día de hoy, esperanza para mañana, etc.

¿Qué me dices de ti? ¿Cuántas cosas puedes poner en tu lista que te vengan a la mente sin pensarlo mucho? ¿Las suficientes como para bendecir a tu esposo con una sonrisa y una cálida mirada de contentamiento?

No hay momento como el presente

Se dice que el mejor momento para plantar un árbol es hace veinte años, pero el segundo mejor momento es hoy. Lo mismo sucede con la decisión de ser felices en nuestros matrimonios. Es una decisión que todos hubiéramos deseado tomar desde el primer día; pero aunque no lo hayamos hecho entonces, el segundo mejor momento es ahora.

Si estás lista para darle a tu esposo lo que más desea, tómate un momento para silbar la conocida tonada de Bobby McFerrin: «*Don't Worry, Be Happy*» [No te preocupes, sé feliz]. Luego, no solo la silbes, pon en práctica la letra frente a tu esposo y entonces, ¡él también será feliz!

r-e-s-p-e-t-o

Quedé sorprendida cuando nuestro hijo de diez años, Matthew, entró en la habitación mientras yo escribía este capítulo y dijo:

—Mamá, terminé la tarea. Teníamos que escribir las palabras exactas que desearíamos que la gente lea en nuestra lápida algún día.

Cuando le pregunté qué escribió, respondió:

—"Matthew Thomas Ethridge: Un respetado hombre de Dios".

—¿Qué te parece si pusieras " Un *amado* hombre de Dios"? —le pregunté por pura curiosidad.

—No, quiero que diga *respetado* —me respondió.

Aunque todavía es un niño, mi hijo expresaba el mismo deseo profundo de respeto que he oído una vez tras otra de boca de hombres de todas las edades. Es triste que muchos se sientan como un cero a la izquierda cuando están cerca de sus esposas. Piensa en estos comentarios:

- «Detesto cuando mi esposa habla de mí como si fuera uno de los niños, en lugar de ser el hombre de la casa. Es humillante y exasperante».
- «No me importa que me hagan bromas de vez en cuando, pero siempre que mi esposa las hace frente a mis amigos

o compañeros de trabajo, me muero de vergüenza. Me pone muy molesto que diga a boca de jarro todos mis defectos, frente a todo el mundo, sin tener en cuenta mis sentimientos ni los efectos que sus comentarios podrían tener sobre las opiniones de otros».

- «Me gusta que mi esposa sea una pensadora independiente y que tenga sus propios puntos de vista. No me gustaría que eso cambiara. Sin embargo, muchas veces me parece que *nunca* está de acuerdo con nada de lo que digo. Si digo: "¡Es muy lindo que el cielo esté despejado!", dice: "¿A qué te refieres con cielos despejados? ¿No ves que hay una nube?". Para colmo, su tono de voz hace pensar que debo ser un completo idiota. Quiero que sea ella misma, pero también quiero que valore mi punto de vista acerca de las cosas. ¿Es demasiado que un esposo pida esto de su esposa?»

No lo creo, ni tampoco lo cree Shaunti Feldhahn, autora de *Solo para mujeres*. Está de acuerdo en que el respeto es una necesidad importantísima entre los hombres. Realizó cientos de entrevistas personales y escritas, cuyos resultados revelan que los hombres tienen una verdadera lucha interna en este sentido. Feldhahn escribe:

> Aunque sea algo extraño por completo para la mayoría de nosotras, la necesidad masculina de respeto y reconocimiento, en especial de su mujer, es algo tan arraigado y tan crítico que casi todos los hombres preferirían sentir que no los aman antes que sentirse incompetentes y que no los respetan [...]
>
> *Si un hombre no se siente respetado, sentirá que no lo aman*. Y eso se traduce así: Si deseas amar a tu hombre como *él* necesita que le amen, debes asegurarte que percibe tu respeto por sobre todas las cosas[1].

Si tu esposo siente que no lo respetas, no habrá manera en que puedas encender el gozo en su corazón.

¿Qué puntuación te asigna su medidor de respeto?

El diccionario Webster define *respetar* como «considerar digno de suma veneración». El libro de Efesios, donde el respeto hacia nuestros esposos es un mandato bíblico (lee 5:33), la palabra griega que Pablo usa para «respetar» es *phobeo,* que quiere decir «respeto reverencial» o «veneración»[2]. ¿Consideras que tu esposo es digno de suma veneración? ¿Te inspira respeto reverencial? ¿Tomas la decisión de venerarlo?

Si, de verdad, quieres saber la verdad acerca de cómo te va en este aspecto, pregúntale a tu esposo. Varias veces, durante el proceso de escritura, Greg me pedía que incluyera en este libro un principio que le parecía importante que comprendieran las esposas. Casi siempre, mi respuesta era: «¡Ah! ¡Eso es bueno! ¿Lo he hecho (o no) en el pasado?». Por lo general, solo sonreía levantando un tanto las cejas, como para decir: «¿Cómo crees que aprendí que esto es importante para los hombres?». Sospecho que si Greg y yo no hubiéramos escrito juntos este libro, es probable que nunca me hubiera dado cuenta de que aunque lo respeto, algunas veces hago y digo cosas que no lo hacen sentir respetado. Mi voz se vuelve irritable o lo fulmino con la mirada como respuesta a algo que dice. También puedo hacer algo que no le gusta, como esparcir uno de mis proyectos sobre su escritorio y dejarlo allí, de modo que tenga que retirar mis cosas antes de poder comenzar a trabajar en su territorio sagrado. En algunas ocasiones, me he sobrepasado explicándole algo, entrando en muchos más detalles de los necesarios acerca de cosas como lo que puede preparar para la cena. Su rostro adquiere un cierto aspecto que me dice: «Bueno, suficientes detalles, Shannon. Soy un hombre grande y pienso que, con esta información, ya es suficiente».

¿Cuál es otra manera infalible en que una esposa puede determinar qué puntuación le asigna el medidor de su esposo? Shaunti Feldhahn sigue adelante y hace esta reflexión sobre cómo podemos decir si hemos hecho algo como para que nuestros esposos no se sientan respetados:

> Entonces, ¿cómo saber si hemos traspasado la línea del respeto? Gracias a Dios, contamos con un barómetro sencillo: Control del enojo [...]

> Puedes estar segura de que si está enojado por algo que dijiste o hiciste y no comprendes la causa, hay buenas posibilidades de que esté sintiendo el dolor o la humillación de tu falta de respeto [...]
>
> Advierte que uno de los principales pasajes bíblicos sobre el matrimonio, en Efesios 5, jamás dice que la esposa ame a su esposo, ni tampoco dice que el esposo respete a su esposa (es de suponer que se deba a que cada uno ya tiende a dar lo que desea recibir). En cambio, una y otra vez exhorta al esposo a que *ame* a su esposa y exhorta a la esposa a que *respete* a su esposo y su liderazgo. Las mujeres con frecuencia tendemos a querer controlar las cosas, lo que por desgracia los hombres interpretan como falta de respeto y desconfianza (lo cual, si somos sinceras con nosotras mismas, a veces, *es* así)[3].

En realidad, es desafortunado que a veces, cuando nos decimos que estamos tratando de ayudar, lo que en realidad hacemos es tratar de tomar el control y «mejorar» a nuestros esposos. Aunque podamos decirnos que solo intentamos sacar lo mejor de ellos, nuestros esfuerzos por «mejorarlos» envían un mensaje de rechazo.

Si una esposa desea satisfacer la necesidad de respeto que tiene su esposo, hay dos cosas que son esenciales: debe aceptarlo tal como es y debe escoger sus palabras con sabiduría.

Acéptalo tal como es

La intimidad es riesgosa. Con el tiempo, a medida que los esposos se muestran entre sí tal como son, ambos esperan que el otro los ame y los acepte de manera incondicional. Si ambos se sienten aceptados y amados, es común que se produzca la unidad emocional, espiritual y física. Entonces, si uno de los cónyuges no se siente aceptado ni amado, se retraerá, lo que traerá como resultado el distanciamiento emocional, espiritual y físico. Para tener la libertad de franquearnos y ser nosotros mismos en cualquier relación, antes debemos sentirnos seguros. Si no nos sentimos seguros, lo más probable es que nos encerremos en nosotros mismos, en lugar de arriesgarnos a tratar de conectarnos con la persona que hace que nos sintamos rechazados. Esto es lo que provoca que la aceptación sea un factor clave para forjar la clase de relación matrimonial íntima que anhelamos.

Una de las analogías más útiles que he escuchado es la de Gary Smalley sobre el «espíritu abierto, espíritu cerrado». Smalley usa el puño cerrado para ilustrar lo que le sucede a la gente en lo emocional cuando herimos sus sentimientos: el espíritu se cierra. Luego, lo abre hasta que la palma de la mano está abierta por completo, a fin de ilustrar lo que sucede cuando les damos nuestra aprobación a las personas y las hacemos sentir bien consigo mismas: se abren.

¿La actitud que tienes hacia tu esposo hace que se cierre o que se abra contigo? ¿Le das tu aprobación de manera sistemática y lo alientas con un espíritu de completa aceptación, o se siente cerrado en lo emocional debido al espíritu de rechazo que percibe en ti?

Todos debemos guardar nuestro corazón como nos dice, con razón, la Escritura: «Por sobre todas las cosas, cuida tu corazón, porque de él mana la vida» (Proverbios 4:23). Dios ha puesto en nosotros la habilidad de discernir cuando nuestro corazón recibe un trato tierno y cuando lo pisotean. La naturaleza humana hace que nos inclinemos hacia las relaciones que nos hacen sentir bien con nosotros mismos. La naturaleza humana también nos lleva a evadir las relaciones que nos hacen sentir mal con respecto a nosotros mismos.

Recuerda cuando tú y tu esposo eran novios. Lo más probable es que no pudiera pedir más de ti, porque tus atenciones y tu cariño lo hacían sentir muy bien con respecto a sí mismo y viceversa. Por supuesto, el matrimonio no puede ser una interminable cita romántica, como señalamos antes. La realidad se instala y las responsabilidades nos alejan con mayor frecuencia durante el matrimonio que durante el noviazgo. No obstante, si percibes una desconexión emocional en tu matrimonio y sientes que tu esposo te evade a propósito algunas veces, deberías preguntarte si existe la posibilidad de que sienta algún rechazo de tu parte.

Si es así, sería bueno que destinaras algún tiempo para escudriñar tu actitud. Pídele a Dios que te revele momentos específicos en los que fuiste demasiado dura, demasiado crítica o demasiado exigente. Si reconoces un espíritu de rechazo, confiésale tu pecado a Dios y a tu esposo. Cuando eres lo bastante humilde como para admitir que no has demostrado aceptación y respeto, estás dando el primer paso para restablecer la confianza.

También sería bueno que conversaras con tu esposo acerca de que ambos se permitan llamar al otro a un lado con amor cada vez que alguno sienta una actitud de rechazo. Los dos necesitan sentir la libertad de decir: «Mi corazón está comenzando a cerrarse contigo y ninguno de los dos quiere que suceda eso. ¿Qué está pasando y cómo podemos volver al camino?, o «Siento que tu corazón se está enfriando en la relación conmigo. ¿He hecho o dicho algo que te haya causado este sentimiento? Te amo de verdad y quiero que te sientas aceptado por completo, así que ayúdame a tratarte como mereces que lo haga».

Greg y yo nos hemos dado permiso para decirnos esta clase de cosas el uno al otro y, como resultado, hemos estado en mejores condiciones de mantener las cuentas al día y permanecer conectados en lo espiritual.

Además de aprender a mostrar aceptación hacia el otro, también debemos aprender a respetar que somos *muy* diferentes.

Respetemos nuestras diferencias de personalidad

Por lo general, las cosas que nos atrajeron de alguien durante el noviazgo son las cualidades que no tenemos, pero estas cualidades opuestas también pueden volvernos locos en el matrimonio. Cuando Greg y yo éramos novios, me encantaba el cuidado con el que escogía sus palabras. Entonces, luego de varios años de matrimonio, comencé a ver esta cualidad como un punto débil en lugar de un punto fuerte. Muchas veces, me parecía que Greg me estaba dejando de lado o que no tenía interés en conectarse conmigo de manera emocional, solo porque no era tan conversador como yo quería. Cuando le hacía preguntas, algunas veces pensaba en la respuesta durante tanto tiempo que, cuando respondía, ¡me olvidaba de lo que le había preguntado!

Esta diferencia en las personalidades hacía que las discusiones fueran increíblemente frustrantes. Yo vociferaba una pregunta, esperando una rápida respuesta para poder gritar otra pregunta o para dejar algo en claro, pero me encontraba con que tenía que esperar tanto tiempo para que Greg respondiera que me exasperaba. También me sentía frustrada porque él prefería no asistir a compromisos sociales donde se esperara que se mezclara y sociabilizara con la gente. Decía que tenía «socializar-itis». Cuanto más trataba de cambiarlo para que fuera la persona que deseaba, más sentía que yo no aprobaba su verdadera forma de ser. Greg no podía evitar sentirse falto de respeto, de amor, y de sentirse menos atraído hacia mí como resultado de su sentimiento de rechazo.

Greg y yo podemos dar testimonio de la veracidad que hay en este fragmento de *Men, Women and Relationships*, del Dr. John Gray.

> Cuando los cónyuges no respetan ni valoran las diferencias que los complementan, pierden la electricidad, es decir, ya no sienten que el otro lo enciende. Sin la polaridad, pierden la atracción.
>
> Esta pérdida de atracción puede producirse de dos maneras. O suprimimos nuestra verdadera forma de ser para complacer a nuestro cónyuge, o tratamos de moldear al otro a nuestra imagen. Cualquiera de las dos estrategias (reprimirnos o cambiar al otro) sabotearán la relación.
>
> Cada vez que tratas de cambiar, de arreglar o de mejorar a tu cónyuge, le envías el mensaje que dice que no merece ser amado tal cual es. En estas condiciones, muere el amor. Al tratar de preservar la magia del amor mediante el intento de reformar a nuestro cónyuge, solo empeoramos las cosas[4].

Nuestro matrimonio sufría, porque Greg sentía la presión de suprimir su verdadera forma de ser y yo trataba de moldearlo a mi imagen. No podía entender por qué no podía parecerse más a mí (ser más extravertido y conversador), y lo llevaba a rastras a fiestas y a lugares en los que pudiera «practicar» cómo ser más sociable. Regresaba a casa agotado, sin entender por qué yo pensaba que era necesario tratar de cambiar su personalidad más introvertida. Por supuesto, el problema no era *suyo*, sino mío.

Mi gran avance llegó cuando estudiamos seis rasgos únicos de la personalidad en nuestra clase de Escuela Dominical: Armonizador, Realizador, Catalizador, Persistente, Soñador y Energizante[5]. Los

Soñadores son prudentes y reservados. Nunca se desesperan por hablar y necesitan reflexionar antes de poder discernir lo que piensan en realidad. Cuando están rodeados de muchas personas, quedan agotados y el estrés hace que quieran retraerse. Mientras leía la descripción de este tipo de personalidad, me di cuenta que describía a mi esposo. La descripción continuaba señalando que los Soñadores también son pensadores que sacan soluciones de la nada.

Muchas veces, pueden encontrarles soluciones particulares a los problemas que los rodean, soluciones que a los demás jamás se les hubieran ocurrido. También son grandiosos cuando están bajo presión, porque nunca se ponen nerviosos.

Al tomar nota de todas estas características que describían a Greg de manera tan perfecta, me di cuenta de que su elección de palabras cuidadosa y contemplativa no era un defecto, sino un reflejo de la personalidad con la que lo había dotado Dios. Muchos de los libros que he escrito sobre los problemas sexuales están llenos de puntos de vista reflexivos y contemplativos que Greg me ha mencionado a lo largo de los años. Su mente tiene la capacidad de hacer malabarismos con las complejas finanzas de una organización internacional sin fines de lucro, con mi ministerio, con nuestra iglesia y con nuestras cuentas personales. Uno de los atributos más fuertes que Greg tiene como Soñador es que no se enoja, lo cual es bueno, porque si estuviera casada con alguien como yo, lo haría enojar a cada momento y nuestros hijos hubieran crecido en una zona de guerra. La adecuada comprensión de la personalidad de Greg me ha ayudado a apreciarlo mejor tal como es, en lugar de tratar de convertirlo en alguien que no es.

¿Qué efecto sobre nuestro matrimonio ha tenido esta aceptación? He aquí lo que dice:

> Es maravilloso no sentir que tengo que obligarme a ser más extravertido como Shannon para tener su aprobación y respeto. Ahora, en lugar de insistir en que salga y me mezcle con la gente, me pregunta sin ninguna expectativa, si me gustaría acompañarla a alguna parte. La mayoría de las veces, la acompaño solo porque deseo estar a su lado, pero valoro que me permita tomar la decisión por mi cuenta. Cuando estoy en el lugar, algunas veces se da

cuenta de que me siento incómodo. Entonces, en lugar de forzarme a tomar parte de las conversaciones como lo hacía antes, me guiña el ojo y hace que me acuerde de Albert Einstein. También era un Soñador y, por error, a menudo pasaba como tonto debido a su personalidad introvertida. Como Shannon respeta mi personalidad de Soñador, me ama de manera incondicional y piensa que soy brillante, puedo encontrar el valor para entrar en una conversación más de lo que podía antes.

Aquí tenemos algunas sabias palabras más de otras mujeres que aprendieron a aceptar los rasgos únicos de las personalidades de sus esposos y sus impulsos naturales:

- «Sé que a Phil le encanta viajar e interactuar con la gente. Me encantaría que tuviera un trabajo donde pudiera permanecer más cerca de casa, pero a él también le gustaría que yo estuviera dispuesta a acompañarle más a menudo en los viajes, lo cual es posible ahora que nuestros hijos crecieron y se marcharon. Sin embargo, soy más casera, así que casi siempre le digo que se vaya sin mí. Los momentos en que estamos juntos parecen muy valiosos porque siente que respeto su necesidad de salir y él entiende el mío de quedarme».
- Mi esposo es una persona muy detallista y siente la necesidad de tener el control de nuestras finanzas. Por otra parte, gano mucho más dinero que él y puedo sentirme en libertad con respecto a lo que gasto, sin verme en la necesidad de crear presupuestos e informes que digan a dónde va nuestro dinero, siempre y cuando se cubran las necesidades. Aun así, para que Jim se sienta mejor, me esfuerzo por llevar un control de todos los recibos y por decirle qué clase de compras importantes debo hacer. Casi nunca se queja porque gasto mucho; solo le gusta saber a dónde va nuestro dinero. Me he dado cuenta que, al ayudarlo a que lleve la cuenta de los gastos, muestro respeto por esta necesidad que tiene».

Si has tenido problemas para comprender por qué tu esposo hace lo que hace o siente lo que siente con respecto a ciertas cosas, te recomiendo que te informes más acerca de los tipos de personalidad. Fíjate en la librería local o en línea, para ver si encuentras libros que puedan ayudarte a identificar y a comprender mejor a tu esposo y comprenderte mejor a ti misma.

Además de aceptar con gusto la personalidad única de su esposo, ¿cuál es la mejor manera en que una esposa pueda demostrarle que lo respeta, tanto en público como en privado? Debe escoger con mucho cuidado sus palabras.

La sabia elección de las palabras

Cuando Julie conoció a Eric en el instituto, pensó que era todo lo que deseaba. Era paciente, comprensivo, cariñoso, amable y divertido. Sin embargo, a medida que pasaba el tiempo, esas cualidades positivas se convirtieron en negativas. Le parecía que debía ser su madre para que hiciera alguna cosa. Llegó a ver su paciencia como falta de decisión, su ética de trabajo esforzado como adicción al trabajo, su naturaleza amable como debilidad y su disposición para ayudar a otros como una falta de límites que, muchas veces, reducía su tiempo con la familia. En lugar de respetar a su esposo, Julie sentía desprecio hacia él y se lo informó. Ella dice:

> No respetaba a Eric (después de todo, el respeto se *gana*), no le expresaba admiración verbal (no quería *mentir*), negaba las relaciones sexuales (*¿compartir mi cuerpo* con alguien que no respeto?), me enojaba y hacía berrinches (por su culpa me volvía loca), lo fastidiaba y le daba órdenes (*alguien* debía asumir la responsabilidad), lo comparaba a cada momento con los hombres de las películas y las novelas románticas (¡siempre es bueno apuntar alto!), y lo castigaba con el silencio durante todo el tiempo que fuera necesario para obtener resultados (bueno, ¡era lo único que daba resultado!).
>
> En realidad, pensaba que todos nuestros problemas eran su culpa. No hacía lo que *sabía* que yo quería que hiciera. No me estaba haciendo feliz. ¿Acaso la gente no

> se casa por esa razón, para encontrar a alguien con el que puedan contar y que los haga inmensamente felices? Parecía que él no podía hacerlo. Bajo el peso de la presión de mis actitudes y de sus propias inseguridades, Eric abandonó el matrimonio en el sentido emocional luego de siete años, y seis años más tarde nos divorciamos. Cuando recuerdo mi comportamiento irrespetuoso, ¡me asombra que haya durado *tanto*!

Es lamentable que algunas veces no nos demos cuenta de la parte que nos toca en la danza del descontento, hasta una vez que termina el divorcio.

Sin duda, Julie no es la única esposa que usa palabras y tonos de voz que degradan y subvaloran al esposo, lo cual solo sirve para alejarlo.

Ella dice	Él oye
«¿Por qué no lo haces de esta manera? ¡Tiene más sentido!»	«Eres un tonto y no puedes hacer nada bien».
«¿Por qué no llamas a un hombre capacitado para que lo arregle?»	«No eres lo bastante listo como para darte cuenta de cómo se hace».
«¿Por qué no te detienes de una vez y pides instrucciones?»	«Eres incapaz de llevarnos hasta allí sin pedir ayuda».
«¿Por qué no le haces frente a tu jefe?»	«Eres un pelele».
«¿Por qué no puedes hacer lo que necesito que hagas?».	«Eres un perfecto fracaso como esposo».

¿Alguna de estas frases te parece conocida? Debemos quitarlas de nuestros vocabularios y sustituirlas por palabras que muestren aceptación y respeto. Por ejemplo:

* En lugar de decir: «¿Por qué no lo haces de esta manera? ¡Tiene más sentido!», un mejor enfoque sería: «Me asombra lo diferente que somos frente a una tarea. Yo tendría la tendencia a hacerlo de este modo, pero me alegro de que esta manera te dé resultado».
* En lugar de lamentarse: «¿Por qué no llamas a un hombre capacitado para que lo arregle?», intenta con: «Estoy segura de que puedes hacer cualquier cosa que te propongas, pero si te parece que necesitas llamar a alguien capacitado, lo entiendo por completo. Yo no tendría ni la menor idea de cómo hacerlo, pero te aplaudo por intentarlo».
* Evita las quejas como: «¿Por qué no te detienes de una vez y pides instrucciones?». En cambio, solo di: «Te encanta el desafío de conducir por territorio desconocido, ¿no es cierto? Muy bien, Cristóbal Colón, pero si por razones de tiempo te parece que necesitamos algunas instrucciones, con gusto entraré en algún lugar y preguntaré».
* En lugar de exigir: «¿Por qué no le haces frente a tu jefe?», trata de fortalecerlo diciéndole: «¡Me gustaría que tu jefe entendiera lo inteligente que eres y qué parte tan valiosa representas dentro de su equipo! No está bien que no te valore como te valoramos aquí».
* En lugar de: «¿Por qué no puedes hacer lo que necesito que hagas?», un mejor enfoque sería: «De verdad necesito a un héroe que haga esto en mi lugar. Cuando tengas una oportunidad, ¿podrías ser ese héroe?».

Si deseas encender el gozo y la pasión de tu esposo hacia ti, considera tus palabras con mucho cuidado para asegurarte que comuniquen aceptación y respeto. Pídele que te diga cuáles son las cosas que le dices, por las que siente que no lo respetas y, luego, toma la decisión de no volver a usar esas palabras. Piensa en qué palabras respetuosas podrías usar en su lugar y úsalas después.

Cuando escoges tus palabras con sabiduría y le demuestras respeto a tu esposo, cosecharás muchos beneficios. No solo se sentirá bien porque sabe que te complace, sino que tus hijos también lo respetarán cada vez más, y también te respetarán a ti. Te sentirás mucho más satisfecha con tus intentos de ser la esposa que deseas ser. Tu relación matrimonial se enriquecerá y tu familia se beneficiará de la seguridad que trae una atmósfera respetuosa en el hogar. Por sobre todas las cosas, agradarás a Dios con tus intentos de mostrarle a tu esposo, su amado hijo, el respeto que merece, no porque haga todo a la perfección como para merecer ese respeto, sino porque le crearon de manera única y divina a la imagen de su Padre celestial.

No solo debemos escoger con sabiduría nuestras palabras en la comunicación cotidiana con nuestro esposo, sino que necesitamos hacerlo aun más en el acaloramiento del conflicto, lo cual es el tema del siguiente capítulo.

una pelea justa

Robert, el primer chico del que me enamoré, me hirió de manera terrible. Nos conocimos en un campamento de verano después de mi sexto grado, y nos encantaba estar juntos durante las comidas y los momentos que teníamos para nadar. Una tarde, mientras jugábamos al voleibol en el agua y en el mismo equipo, los dos nos estiramos para alcanzar la pelota y la tomamos al mismo tiempo. Comenzó a tratar de quitármela con gran fuerza, así que yo respondí de manera similar, negándome a soltar la pelota. Durante la lucha, lo golpeé por accidente en la entrepierna con la rodilla. Robert se dobló en dos del dolor, pero cuando recobró la compostura, procedió a darme un rápido rodillazo en el hueso púbico, solo para que supiera lo que sentía. El dolor intenso me hizo saltar las lágrimas y, de inmediato, le puso punto final a mi enamoramiento de niña.

¿A qué se debe toda esta charla acerca de dar y recibir golpes bajos? Muchas parejas tienen esta clase de discusiones: lanzan insultos y matan los sentimientos que tienen el uno hacia el otro. Cuando las esposas deciden dar un golpe emocional debajo del cinturón, los hombres se sienten mutilados, faltos de respeto y heridos. ¿Cómo les afectan estos sentimientos a nuestros esposos y a nuestras relaciones matrimoniales? El efecto es muy similar al que tuvieron en mi relación con Robert: hacen que los sentimientos de cariño que sentimos el uno por el otro se desvanezcan con rapidez. Si no, pregúntale a Jennifer.

Cuando ella y Jeff se casaron, hizo el voto de que él sería la cabeza de su familia. Sin embargo, quería tener el mejor matrimonio posible, así que comenzó a darle consejos acerca de todo: dinero, cuestiones espirituales, trabajos, amigos, pasatiempos, papel como esposo y padre, y relación sexual. Cuando tenían una discusión, arrojaba dardos de heridas pasadas, lanzaba piedras de sospecha y de inseguridades, y golpeaba debajo del cinturón en cuanto a los asuntos íntimos. Escribe:

> Un día, recibí un mazazo en la cabeza. Íbamos en el auto con nuestros tres hijos dormidos en el asiento de atrás (o eso pensábamos) mientras discutíamos acerca de unas vacaciones pasadas por algo que no tendría que haber causado una gran pelea. Comenzamos a gritar, yo empecé a llorar y me volví mordaz tratando de probar que mi punto de vista era el acertado y que él estaba equivocado. Entonces, Jeff dijo: «No puedo vivir de esta manera. No hay forma de razonar contigo ni de complacerte. Tengo que andar siempre con pies de plomo».
>
> Lo lógico hubiera sido que esto me hiciera despertar, pero necesité un mazazo aun mayor para que me diera cuenta de que el problema era yo y no él. Luego de dormir en el sofá esa noche, a la mañana siguiente Jeff se fue a trabajar en silencio, sin darme un beso ni decirme adiós. Esa mañana, mi hija mayor se despertó llorando. Entré a su habitación y le pregunté qué sucedía. Me preguntó si su padre y yo no íbamos a seguir casados. Me dijo que yo le hablaba con mucha maldad a su papá. Dijo que parecía que no lo amaba. *¡Jennifer, despierta!* No solo estaba destruyendo el amor de mi esposo hacia mí, sino que estaba sembrando inseguridades en las vidas de mis hijas.

Si el objetivo que tenemos durante los conflictos con nuestro esposo es ganar (cambiar su conducta o su punto de vista para que esté de acuerdo con el nuestro), en lugar de tratar de ver sus puntos de vista, tenemos un objetivo equivocado. ¿Por qué? Porque entonces haremos todo lo que sea para ganar y emplearemos las jugarretas de la manipulación (lee el capítulo 6) o no tendremos una discusión justa. Claire, de la que hablamos en el primer capítulo, admite que esta peligrosa dinámica ya ha penetrado en su matrimonio al cabo de tan solo un año:

> Anoche, mi esposo y yo tuvimos una de nuestras grandes peleas. Trataba de ayudarme a hacer algo, pero me enojé y le dije que era un estúpido. Entonces, él me dijo bruja, y a partir de allí fuimos cuesta abajo. Esto es lo que siempre nos sucede: una pequeñez se convierte en algo enorme e insuperable. Luego de nuestro desagradable intercambio de anoche, no nos hablamos más y nos fuimos a la cama sintiéndonos desdichados el uno con el otro y con nosotros mismos... otra vez. Sigo pensando que si él fuera un mejor esposo, yo sería una mejor esposa. Sin embargo, la responsabilidad no es solo suya. Uno de los dos tiene que crecer y, entonces, el otro lo seguirá. Con todo, ¡quiero que él cambie primero!

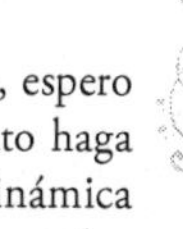

Cuando se trate de aprender a tener una discusión justa, espero que no vaciles en liderar, si es necesario. Sin importar cuánto haga que estés casada, nunca es demasiado tarde para mejorar la dinámica de tu comunicación y debes comenzar por evitar cualquier golpe bajo.

Evita las tácticas de los golpes bajos

Una parte importante en el aprendizaje de una discusión justa es evitar las tácticas de los golpes bajos como las siguientes:

- *La inclusión de un tercero.* Una de las peores cosas que puedes hacer es llamar a tu madre, a tu hermana o a tu mejor amiga para quejarte de tu esposo, en lugar de ir directo a él para exponerle tus preocupaciones. Los demás no pueden hacer nada, así que pierdes energía emocional cuando hablas del asunto, cuando podrías canalizar esa misma energía para resolver el conflicto con tu esposo.

- *El tratamiento del silencio.* Cuando te niegas a hablar con tu esposo de una manera racional sobre un problema que te hace enojar, lo único que logras es confundirlo cada vez más y permitirte acumular cada vez más presión con respecto a esta circunstancia. Si te parece que todavía no estás lista para conversar en calma, tómate algún tiempo, siéntate y anota tus pensamientos. Esto te permitirá soltar un poco de presión, procesar tus emociones y ordenar tus pensamientos antes de sacar el tema en una conversación con tu cónyuge.
- *Gritos o llantos.* Una discusión calmada y racional te llevará mucho más lejos que los gritos o el llanto. Estas tácticas harán que quiera replegarse por completo. Lo más probable es que no recurras a los gritos ni al llanto frente a tu jefe, así que usa tácticas positivas en tu matrimonio tal como lo harías en tu centro de trabajo.
- *La crítica.* Si tienes sugerencias en cuanto a un comportamiento positivo que deseas ver en tu esposo, preséntalas de una manera amorosa y alentadora. Sin embargo, abstente de quejas, de críticas y, en especial, de insultos. El consejo que nos daba mamá nos será de mucha ayuda en el matrimonio: «Si no puedes decir algo de manera amable, no lo digas».
- *El sarcasmo.* Aunque casi siempre el sarcasmo se enmascara con humor, la intención que tiene es menoscabar a la gente y hacerla sentir inferior y hasta estúpida. Lo cierto es que, algunas veces, el sarcasmo es una forma de mangonear con mayor aceptación social, pero a nadie le gusta que lo mangoneen. Evita por todos los medios el sarcasmo y habla con sinceridad cuando interactúes con alguien, en especial con tu cónyuge.
- *Amenazas y ultimátum.* No hagas una promesa a menos que estés dispuesta a cumplirla; de lo contrario, perderás credibilidad. Existe una gran diferencia entre: «Si no puedes encontrar más tiempo para pasar con tu familia, es probable que un día llegues a casa y te encuentres con que

nos fuimos» y «Me temo que si no podemos encontrar más tiempo para estar juntos como familia, cada vez nos encontraremos más separados». La primera oración pone al interlocutor a la defensiva, mientras que la segunda alienta una respuesta compasiva.

* *Ponerse a la defensiva.* Si tu esposo expresa una preocupación, elogia su valor por sacar el tema y no te pongas a la defensiva. Pídele a Dios que te ayude a considerar su punto de vista y, siempre que sea posible, escoge con humildad una disculpa en lugar de una discusión.
* *El uso de palabras irritantes.* Algunas palabras deberían encontrarse en la zona prohibida en el acaloramiento de una discusión; palabras como *siempre* («¡*Siempre* llegas tarde!»), *nunca* («¡*Nunca* vuelvas a hablarme!»), *detesto* («¡Detesto la manera en que pospones las cosas!»), y *divorcio* («Si te sientes así, ¡deberíamos considerar el *divorcio*!»).
* *Esperar a que te lea la mente.* Olvídate de lo que decía tu madre cuando te enseñó: «Nunca pidas algo; espera hasta que te lo ofrezcan». En el matrimonio, muchas veces debes pedir algo que quieres, ya que él no tiene la menor idea. Por supuesto, para comunicar tus deseos, debes saber qué quieres. Ya sea que se trate de salir a cenar, de salir a caminar juntos o de cualquier otro deseo que tengas, toma la iniciativa con toda confianza, en lugar de sentirte molesta porque él no la toma.
* __________________ Pregúntale a tu esposo cómo llenar este espacio en blanco. ¿Tu esposo considera que algunas de las tácticas que usas durante los desacuerdos se encuentran dentro de los golpes bajos? ¿Hay algo que digas o hagas que empeore aun más las cosas cuando los dos están en desacuerdo con respecto a algo? Si es así, escríbelo en este espacio.

Por supuesto, una discusión no es solo abstenerse de ciertas cosas. También existen tácticas que podemos adoptar que reducirán los sentimientos heridos e incrementarán una solución rápida y constructiva. La solución saludable de un conflicto implica establecer algunas directrices a fin de que podamos expresar nuestras emociones con calma, seamos capaces de darle validez a los sentimientos futuros y logremos trabajar en pos de un compromiso.

Establece directrices

Trata de mantener las siguientes directrices para la solución exitosa de un conflicto:

- *Limita la discusión a un problema.* En lugar de desenterrar viejos problemas y discusiones anteriores que quedaron sin resolver, concentra la discusión en un solo problema. Esto les permitirá a los dos concentrar sus energías en esa única dirección y llegar a una rápida solución. Si no estás en condiciones de hacerlo y todavía sientes la necesidad de castigarlo por hechos pasados, no hay duda que la falta de perdón es un problema en tu relación.
- *Establece un lugar y un momento adecuados para la discusión.* Hemos aprendido que existen lugares y momentos en los que debemos posponer las discusiones por el bien de la paz. Por ejemplo, tratamos de no discutir en el dormitorio porque debería ser un lugar de amorosa armonía en la relación (el lugar en el que hacemos el amor, no la guerra). En cambio, salimos a caminar, donde no hay distracciones ni hijos presentes.

  También he aprendido a no discutir cuando experimento el síndrome premenstrual. Trato de decir: «Mi estado de ánimo no es el mejor para discutir eso ahora; entonces, ¿podemos hablar al respecto este fin de semana?». Por el bien de la paz, Greg se siente feliz de poner el asunto en espera hasta que se equilibren mis hormonas.
- *Cuando sea necesario, accede a estar en desacuerdo.* Ganar una discusión no es ni remotamente tan importante como ganar su corazón. Algunas veces, Greg y yo no hemos estado de acuerdo con respecto a los límites que debemos

> ponerles a nuestros hijos, en particular, con respecto a cuánto es demasiado tiempo para pasar con los juegos de la computadora. Matthew sabe que cuando estoy en casa y tengo el control, no puede jugar con la computadora más de una hora al día. Sin embargo, Greg es un poquito más indulgente y hasta se pone a jugar con Matthew durante períodos prolongados. Greg y yo no nos podíamos poner de acuerdo en lo que nos parecía un límite razonable de tiempo, así que en lugar de discutir al respecto, solo decidimos acceder a estar en desacuerdo. Nos parece que es bueno que nuestros hijos sepan que no estamos de acuerdo en ciertos aspectos y que esto no es una pared contra la cual permitiremos que muera nuestra relación.

Por supuesto, el conflicto es inevitable en cualquier relación cercana. No se pone en duda *si* tendremos desacuerdos, sino *cuándo* los tendremos. El conflicto no quiere decir que tenemos una mala relación ni que nuestro matrimonio es infeliz. Los conflictos no son más que oportunidades para que las parejas crezcan en la comprensión del uno hacia el otro, y para buscar soluciones amables. Así y todo, *la manera* en que manejamos el conflicto tiene consecuencias en la calidad de la intimidad en común. Entonces, en esos momentos en los que no vemos las cosas de la misma manera, es importante no permitir que se descontrolen nuestras emociones.

Expresa las emociones con calma

Una de las peores cosas que podemos hacer cuando estamos en desacuerdo con respecto a algo es permitir que nuestras emociones se suban a una de esas escaleras mecánicas de las que hablamos en el capítulo 7. A casi todos los hombres les molestan los berrinches y se ponen más firmes en su posición con tal que no los manipulen con gritos o llantos innecesarios.

Por lo tanto, mantén tu voz en un nivel normal, ponte de frente a tu esposo, mantén el contacto visual e, incluso, tómense de las manos o permitan que algunas de las partes de sus cuerpos se toquen. Esta clase de lenguaje corporal es mucho más eficaz que darse la vuelta, cruzarse de brazos o mirar hacia el techo. Recuerda, las acciones hablan más fuerte que las palabras.

Ya sea que expreses enojo, temor, resentimiento, dolor o frustración, puedes hacerlo de manera eficaz sin recurrir a la manipulación emocional. En lugar de lanzar acusaciones («¡*Tú* eres el que gastó ese dinero!»), limita las expresiones a tus propios sentimientos y usa solo oraciones en primera persona («*Me* preocupa que gastemos tanto dinero últimamente»). En lugar de decir: «¿Por qué siempre *tienes* que corregirme frente a los niños?», di: «*Me* da vergüenza y *me* enoja que me corrijas frente a los niños».

Recuerda, no siempre es cuestión de palabras, sino que la manera en que las decimos hace que el interlocutor se ponga a la defensiva o coopere. La conversación que LuAnn tuvo con su esposo, Kurt, es un perfecto ejemplo para este punto:

> He tenido que aprender mucho acerca de cómo tener una discusión justa durante los últimos catorce años de matrimonio. Por ejemplo, he aprendido que si hay algo que es importante de verdad para mí, lo peor que puedo hacer es insistir en que las cosas se hagan a mi manera y enojarme si no se hacen así. Por ejemplo, hace algunos años, comencé a pensar en comprar un equipo de camping: una tienda, bolsas de dormir y todo lo que se necesitaría para un campamento familiar. Cuando éramos recién casados, nos encantaba salir de campamento, pero dejamos de hacerlo tan a menudo después que tuvimos nuestra hija. Cuando ella tenía cerca de ocho años, mencioné un par de veces que me gustaría comprar algún equipo de camping, pero al final Kurt dijo que no veía para qué era necesario si no salíamos de campamento con tanta frecuencia. Me sentí desilusionada, pero la sabiduría y la experiencia me dijeron que no insistiera en el asunto.
>
> Sin embargo, cada vez que lo pensaba, volvía a sentirme molesta. Luego de orar y preguntarle a Dios qué debía hacer con este anhelo de tener un equipo de campamento, por fin me di cuenta de lo que me molestaba tanto de su

> no. Siempre había soñado con ser una familia que saliera de campamento y veía la compra del equipo como una inversión en el tiempo familiar de calidad. Cuando me di cuenta de esto y se lo expliqué con calma a Kurt, de inmediato comprendió el objetivo y estuvo de acuerdo. Me dio mucha seguridad y satisfacción que no recurriera a un juego de poder, sino que estuviera dispuesto a ver mi punto de vista y ponerse a la misma altura de mi visión. Si lo hubiera abordado de cualquier otra manera o si me hubiera exaltado en exceso, no estoy segura de que los resultados hubieran sido tan positivos.

LuAnn tiene razón en la evaluación que hace. Insistir en que las cosas se hagan a nuestro modo y vapulear las emociones de nuestro esposo para conseguirlo puede tener éxito a corto plazo, pero a largo plazo destruye lo que más queremos: un compañero feliz.

Dales validez a los sentimientos del otro

A menudo, las mujeres dicen que quieren que sus esposos se comuniquen en un nivel más emocional, pero para que la mayoría de los hombres se sienta cómodo al hacerlo, debe saber que honramos sus sentimientos, ya sea que estemos de acuerdo con sus evaluaciones o no. Si tu esposo te expresa sus sentimientos, trata de no enojarte con él por la manera en que se siente. Repito, elogia el valor que ha tenido para afrontar este problema.

Hace poco, Greg y yo salimos juntos y vimos una pegatina en un auto que decía: «¡Los hombres también tienen sentimientos! Pero claro, ¿a quién le importa?». Me entristeció la expresión porque pienso que refleja lo que sienten muchos hombres, no solo por el mundo en que vivimos, sino por las mujeres que viven con esos hombres.

Estoy segura de que Greg podría decir que se ha sentido así en más de una ocasión. Por ejemplo, siempre ha tenido una aversión personal hacia la palabra *estúpido*. Por supuesto, nunca lo he llamado estúpido, pero he cometido el error de decir con impaciencia algo así como: «¿Para qué queremos gastar más dinero en un seguro de vida? ¡Es una estupidez!». Desde la perspectiva de Greg, bien hubiera podido decir: «Eres un estúpido por pensar que necesitamos más seguro de vida». Cuento este ejemplo, porque creo que una de las principales maneras en que podemos validar los sentimientos de nuestro esposo es evadir a propósito las cosas que sabemos que lo lastimarán de un modo u otro.

Por supuesto, Greg también ha tenido que aprender esta lección. En los primeros años de matrimonio, íbamos de vez en cuando a la casa de mis padres para alguna reunión familiar. Allí, mi padre y mi hermano mayor terminaban divirtiéndose a costa de mí por alguna insignificancia, solo para tomarme el pelo. Como soy la menor de la familia, estaba acostumbrada a estas cosas, pero cuando mi esposo metía la cuchara y les daba algún pequeño argumento para usar en mi contra (al revelar algo que yo había dicho o hecho que reforzaba el punto por el que se reían de mí), la situación ya no me parecía tan graciosa. Para Greg, era parte del juego, pero yo me sentía traicionada. Le comuniqué mis sentimientos y aunque en realidad no entendía por qué me ponía tan mal que se uniera a mi familia para reírse de mí, me pidió disculpas por herirme y prometió no participar más del juego por respeto a mis sentimientos.

Darle validez a los sentimientos de alguien solo es una cuestión de comunicar, de algún modo, lo siguiente: «Me parece que no me sentiría así en esta situación, pero tienes todo el derecho a sentirte como te sientes y puedo respetarlo y valorarlo». La validación es nuestra manera de decirles a nuestros cónyuges: «Estoy de tu lado. Te respaldo. No usaré esta información en tu contra ni tendré un concepto inferior de ti porque te sientas de ese modo. En todo caso, mi concepto de ti es más alto por confiarme tus sentimientos».

Además, cuando podemos validar los sentimientos del otro en lugar de tomar posturas opuestas, es mucho más fácil esforzarse por hacer concesiones.

El esfuerzo por hacer concesiones

En tiempos de conflicto, trata de no tomar la ofensiva, de no ponerte a la defensiva, ni se pongan el uno en contra del otro. Recuerda que están en el mismo equipo, que luchan para tener la victoria sobre las fuerzas opositoras del enojo, la amargura, la falta de perdón, etcétera. Es triste que casi todos nosotros entramos en el conflicto con un objetivo principal: ¡ganar! Además, por lo general, suponemos que para ganar, la otra persona tiene que *perder*. No obstante, si conoces el libro de Stephen Covey, *Los siete hábitos de la gente altamente efectiva*, es muy probable que recuerdes su estrategia para el éxito al desarrollar una mentalidad de ganar-ganar. Pensar en ganar-ganar en lugar de ganar-perder no solo es más eficaz en los negocios, sino también en las relaciones personales, sobre todo en el matrimonio. La estrategia más favorable para mantener el gozo y la pasión en medio del conflicto es pensar en qué clase de concesión se puede hacer, de modo que ambos salgan con la sensación de ser un ganador.

Algunas veces, lograr esta posición de ganar-ganar puede ser un desafío. Por ejemplo, hubo un tiempo en nuestra casa en el que me puse firme en insistir que no tendríamos más mascotas dentro de la casa. Hasta me pareció que tenía el respaldo del Dr. Phil, mientras miraba un programa donde le preguntaba a un esposo: «Si hay algo que es tan importante para tu esposa, ¿por qué no puedes hacer que sea importante para ti solo por amor?». Así que una noche, le fui a Greg con esa cantilena: «Si para mí es tan importante no tener animales dentro de la casa que mudan a cada momento el pelo y lo dejan por todos lados, ¿por qué no puede ser más importante para ti por puro amor?». No estaba preparada para la respuesta de Greg: Con mucho respeto y sinceridad me explicó que tenía muchos recuerdos hermosos por haber crecido con sus gatos dando vueltas por la casa, y que quería que nuestros hijos experimentaran lo mismo. Por supuesto, los niños se pusieron del lado de papá y eran tres contra uno; no había buenas probabilidades.

Sean un poco INDULGENTES el uno con el otro

La fórmula[1] para la resolución constructiva del conflicto de Randy Fujishin me ha resultado de mucha ayuda. Para ser un tanto INDULGENTES, hay que:

Sentarse
Escuchar
Preguntar
Conceder
Besar

Sentarse juntos para ponerse los dos al mismo nivel y para ayudar a preparar el escenario a fin de tener una conversación sin distracciones. *Escucharse* con el deseo de comprender la naturaleza exacta del problema en cuestión. *Preguntar* de un modo que no ofenda para aclarar la percepción que tienes de lo que le preocupa a tu cónyuge y para proporcionar la seguridad de que escuchas lo que dice. Recuerda que están en el mismo equipo, así que el objetivo de todo conflicto es encontrar una *concesión* que sea aceptable para ambos y con la que se sientan bien. Por último, cierra el trato con un *beso* o expresión de afecto que confirme el continuo compromiso que tienes con la relación.

Decidí que debía ser creativa y encontrar un punto de ganar-ganar, de modo que no saliera de esto como una completa perdedora. Sugerí que los gatos podían quedarse dentro a lo largo del año sin que me quejara *si* todos estaban de acuerdo en dejarlos fuera durante los meses de abril a septiembre que es cuando más cambian el pelaje. También pregunté en qué estarían dispuestos a ayudar en la casa durante los seis meses que los animales tenían libertad para entrar, para que yo no tuviera que pasar tanto tiempo limpiando. Greg se ofreció a barrer y a pasar la aspiradora. Erin se ofreció a limpiar los muebles. Matthew se ofreció a alimentar a los animales y a quitar los pelos de los sofás y las cortinas. Ese día, todos ganamos en la casa, incluyendo a los gatos.

Por más benéfico que sea seguir estos lineamentos para resolver conflictos inevitables, existe una medida aun mayor que podemos tomar para mantener la paz y la armonía en nuestras relaciones: aprender a evitar los conflictos.

Intenta evitar conflictos

Si las parejas dedican tiempo (fíjate que dije *dedican* tiempo, no *encuentran* tiempo) para conectarse el uno con el otro en forma regular, en realidad, podemos evitar los conflictos, o al menos impedir que se conviertan en algo más serio de lo que deben. El terapeuta profesional Tom Haygood y su esposa, Nan, descubrieron este secreto y parece que les da mucho resultado:

> Hace unos quince años, tomamos una decisión como pareja. El cambio ha sido notable.
>
> Casi todas las noches nos sentamos frente a frente y nos comunicamos, algunas veces por tan solo treinta minutos, otras por horas. Conversamos acerca de lo que tenemos que hacer, de nuestros planes, los sucesos del día, pero por sobre todas las cosas, nos concentramos en nuestra relación: en cómo nos sentimos, en lo que pensamos, lo que esperamos, etc. Tratamos cualquier conflicto y mantenemos las cuentas al día. Si un conflicto no se resuelve, nos ponemos de acuerdo en que lo traeremos a colación en otro momento. Nos mantenemos en contacto de manera emocional el uno con el otro [...] El tiempo que pasamos juntos no surge con naturalidad. Lo planeamos, lo protegemos, lo valoramos y, algunas veces, ¡insistimos demasiado en él! El verdadero amor que perdura no surge en forma automática[2].

Por cierto, no nos acercamos más ni permanecemos conectados solo por coexistir en la misma casa y por dormir en la misma cama. El amor que perdura requiere un tremendo esfuerzo. Las relaciones fuertes exigen trabajo. El conflicto vendrá, pero en verdad puede hacer que nuestros matrimonios sean más fuertes si escogemos nuestras palabras con cuidado, si expresamos las emociones con calma, si respetamos los sentimientos del otro y nos esforzamos por hacer concesiones.

Adopta un nuevo lema

Es probable que conozcas el lema «En la guerra y en el amor todo se vale». Este dicho insinúa que no existen reglas, límites, ni directrices que no se puedan romper para beneficiar nuestros objetivos. No obstante, si alguno de los dos cónyuges tiene esta perspectiva, es letal para la relación. Si no tenemos un plan estratégico para mantener la paz y la armonía en nuestras relaciones, en especial durante tiempos de conflicto, de seguro que el amor puede comenzar a parecerse más a la guerra. Podemos descubrir que estamos en lados opuestos, que los dos estamos cansados de pelear y que nos preguntamos cómo llegaremos a ganar alguna vez.

En lugar de tener esta actitud de «en la guerra y en el amor todo se vale», te aliento a que adoptes el lema de Jesús: «Si una familia está dividida contra sí misma, esa familia no puede mantenerse en pie» (Marcos 3:25). Si aprenden a crecer en medio del conflicto, en lugar de permitir que los divida, su familia puede permanecer unida mientras se fortalecen en el compromiso que tienen el uno para con el otro.

La siguiente historia del libro *Gifts from the Heart*, de Randy Fujishin, pinta un hermoso cuadro de lo que puede ser la vida matrimonial si aprendemos a tener discusiones justas:

> Desde la cama podía ver la cocina que estaba al final del pasillo, en la que conversaban mis padres. Papá parecía molesto mientras le susurraba a mi mamá desde el otro lado de la mesa.
>
> Aunque no podía oír la conversación, sabía que tenían un desacuerdo. Luego de hablar durante algún tiempo, mi mamá sonrió, se levantó de la silla y se dirigió hacia mi padre. Lo abrazó por atrás mientras él se reía [...]
>
> Recuerdo que cuando me encontraba en los primeros años del instituto, le pregunté a mi mamá si papá y ella habían peleado alguna vez con un tono de voz elevado o con los puños.
>
> «No», me contestó. «Siempre tengo una opción cuando surgen las diferencias con tu papá. Puedo endurecerme o puedo enternecerme. El matrimonio es un camino largo y difícil», continuó, «y durante los primeros años de casados decidí que no quería endurecerme, sino enternecerme y crecer»[3].

¿No es una gran meta para todas nosotras? Tomemos la decisión de enternecernos y de crecer con el conflicto, edificándonos el uno al otro, en lugar de derribarnos. Cuando las palabras y los corazones permanecen tiernos, y los compromisos se mantienen fuertes a pesar de cualquier conflicto que pueda surgir, la parte del matrimonio «y vivieron felices para siempre» no parece un sueño tan inalcanzable después de todo, ¿no es así?

un refugio seguro

Nuestro hijo, Matthew, y su amigo, Oliver, que tenían nueve años en ese entonces, iban en el asiento trasero del auto. De repente, Oliver se inclinó hacia delante y con toda sinceridad le preguntó a Matthew:

—¿Te parece que te casarás alguna vez?

—Algún día, supongo —respondió Matthew—. ¿Por qué? ¿Tú te casarás?

—De ninguna manera —contestó Oliver—. No creo que pueda encontrar a una chica que me deje colgar cabezas de ciervos en las paredes ni tener una caja de aparejos de pesca como mesa de centro, así que pienso que no me casaré.

Greg y yo no sabíamos cómo contener la risa. Era evidente que en la casa de los padres de Oliver de seguro había algunos desacuerdos con respecto a la decoración de la sala. Greg me guiñó el ojo y dijo:

—Da la impresión de que Oliver será un hombre cuya casa sea su castillo.

—Parece que será más una *cabaña* que un *castillo* —respondí.

—Para un muchacho es lo mismo —contestó Greg.

Cuando dijo esas palabras, se me encendió una bombilla mental. De repente, entendí por qué Greg había sido categórico en cuanto a que nunca más nos mudaríamos. Vivimos en el paraíso de un varón:

una cabaña rústica de troncos en medio de más de cuarenta hectáreas de bosques, con un arroyo y muchos senderos que cruzan por aquí y por allá, y un estanque lleno de peces a la espera de que los pesquen.

Por otro lado, yo podría encontrar todas las excusas del mundo por las que querría encontrar una casa diferente. Habíamos vivido seis años en la cabaña y, como soy adicta al cambio, sentía que ya era hora de encontrar otro lugar y seguir adelante. Rezongué: «¡Pero Greg, este lugar no tiene nada que ver conmigo!». Quería un lugar que tuviera más luz y más brillo, y que estuviera más cerca de la civilización (de los centros comerciales). A pesar de los sentimientos de Greg, hasta acordé una cita con un agente de bienes raíces, con la idea de que si encontraba el lugar perfecto, de seguro Greg cedería y estaría de acuerdo con que nos mudáramos, solo por hacerme feliz.

Cuando le conté lo de la cita, quedó perplejo, pero accedió a ir con nosotros a ver algunas casas que se adaptaban más a mi gusto. Sin embargo, al explorar varias posibilidades ese día, pude leer las expresiones de su cara. Para Greg, no había otro lugar como la cabaña de troncos en la que vivíamos. Esto es lo que le pasaba por la mente:

> Tenía esa sensación descorazonadora de que la historia estaba a punto de repetirse. ¿Recuerdas la casa que ocupamos en Dallas, la que estaba decorada al estilo colonial y que era la envidia del vecindario? A Shannon le encantaba la casa, pero yo fui un desdichado mientras viví allí. Me parecía que nunca podía respirar hondo, levantar los pies y relajarme, aunque fuera mi propia casa. Lo que es peor, no tenía ningún lugar que pudiera usar como taller y donde escapar solo para juguetear con algo y desahogar presiones. Sin embargo, para que Shannon fuera feliz, accedí a comprar esa casa, y nunca hubiera sugerido que nos mudáramos porque sabía cuánto significaba aquel lugar para ella.
>
> Entonces, me sentí aliviado de verdad cuando se sintió movida por Dios a mudarse al campo. Cuando encontramos una vieja cabaña de troncos en un gran terreno con semejante potencial, fue como un sueño hecho realidad, sueño al que no estaba listo a renunciar solo porque

> Shannon pensara, ahora, que la casa era demasiado pequeña, oscura y rústica para su gusto. Sin embargo, también me di cuenta de que si insistía en que nos quedáramos en la cabaña, le hacía lo mismo, en esencia, de lo que me hizo tan desdichado a mí. Yo no era feliz viviendo en una vistosa casa colonial en medio de la ciudad, pero Shannon no estaba encantada con la idea de vivir el resto de su vida en una cabaña rústica en los bosques. Sin duda, debía haber una concesión.

Quizá parezca tonto, pero creemos que Dios usó un programa de decoración para salvar nuestro matrimonio. Comencé a mirar programas de remodelación en los que transformaban casitas oscuras en espacios maravillosos, llenos de luz y de brillo, y me di cuenta de que si le hacíamos algunas modificaciones a nuestra cabaña de troncos, tal vez podría convertirse en un reflejo de *ambos*. A Greg le volvió el brillo a los ojos cuando propuse la idea de quedarnos en nuestro hogar, pero renovándolo para solucionar las cosas que no me gustaban. Quería cambiar algunas habitaciones para hacerlas más luminosas y más coloridas, en vez de las paredes de troncos marrón oscuro que me resultaban tan deprimentes y que, con frecuencia, producían episodios de fobia a las cabañas.

Mientras más conversábamos Greg y yo al respecto, tratando de ser sensibles a las necesidades del otro y a los gustos personales, más nos dábamos cuenta de que nuestros deseos en cuanto a una casa eran mucho más parecidos que diferentes. Aunque los paseos de compras eran menos y más espaciados para mí, debía admitir que nuestra casa era el paraíso de un escritor: separada a la perfección de las distracciones de la vida en la ciudad. También me di cuenta de que la tierra era demasiado importante para Greg como para pedirle que renunciara a ella. Cortar árboles, abrir nuevos senderos para las exploraciones familiares y pescar durante los fines de semana eran sus formas de terapia. Entonces, la solución evidente era convertir la casa en un lugar que los dos pudiéramos amar, con un delicado equilibrio entre los elementos masculinos y femeninos. Aunque no hay cabezas de ciervo que adornen las paredes y nuestra mesa de centro no es una caja de aparejos de pesca, a Greg le encanta que nuestra casa se parezca cada vez más a un castillo para ambos.

Lo que desean los hombres en un hogar

Por cierto, Greg no es el único hombre que desea un hogar en el que pueda ser él mismo, donde pueda relajarse y pasar un tiempo de calidad con su familia. Aquí tenemos lo que algunos otros esposos dicen con respecto a lo que quieren en un hogar:

- «Todas mis cosas quedan relegadas al garaje, al ático o al cubo de la basura. También es mi casa, pero no siento que nuestra casa es un reflejo de mí, de mis pasiones, ni de mis pasatiempos. Cuando le pregunté a mi esposa si podía colocar mis trofeos de *hockey* sobre los estantes en nuestro estudio, me miró como si me hubiera vuelto loco y respondió: "Bromeas, ¿no es verdad?". En lugar de iniciar una pelea, fingí que bromeaba, a pesar de que lo dije en serio y deseaba de verdad exponerlos en alguna parte de nuestra casa».
- «Hace poco, mi esposa comenzó su propio negocio como consultora de ventas para una conocida línea de utensilios de cocina. Aunque aprecio su espíritu emprendedor y su disposición para ayudar con las finanzas, ¡toda la mercadería ha invadido nuestra casa! Tiene productos exhibidos en la sala, para que cuando venga la gente pueda despertarles el interés en la mercadería. Parece que todas las noches el teléfono se caerá de la pared de tanto sonar o hay gente que viene a mirar sus exhibiciones o a pedir un catálogo. Como oficina, usa un pequeño escritorio en nuestro dormitorio, y cuando me acuesto por la noche y me levanto por la mañana, tengo frente a mí catálogos y papeles de trabajo por todas partes. Cuando llegan los pedidos, quedan en nuestro garaje durante días, hasta que los entrega a todos, así que tengo que estacionar en la calle. Algunas veces, me parece que toda esta mercadería se encuentra en *mi camino*, pero otras veces no puedo

evitar la sensación de que yo estoy en su camino. ¿Cómo me las arreglo para alentar a mi esposa en su negocio y a la vez poner ciertos límites de modo que pueda disfrutar otra vez de mi hogar?».

* «Valoro el orgullo que mi esposa siente por nuestra casa, pero cuando estoy en casa, me parece que ando con pies de plomo todo el tiempo. Quiere que todo esté tan inmaculado que si dejo un vaso en la sala, me reta por no poner la vajilla sucia en el lavaplatos. ¿El hogar tiene que ser un lugar en el que todo deba mantenerse absolutamente a la perfección? Si es así, nunca será un lugar donde me sienta cómodo por completo».

No puedes culpar a un hombre por desear que su hogar refleje un poquito de *su* personalidad y sus pasatiempos, que quiera tener un poco de territorio en su casa que *él* pueda controlar y que desee sentirse en libertad para relajarse y no preocuparse por tener que mantenerlo todo inmaculado. Las mujeres desean lo mismo. Deseamos reflejar nuestros gustos en la decoración, arreglar las habitaciones de un modo que nos venga bien y tener algún espacio en el que podamos cerrar la puerta y no preocuparnos de que siempre esté presentable.

Por supuesto, crear un hogar confortable que nuestros esposos puedan disfrutar no tiene que ver solo con el entorno físico, también está relacionado con el entorno emocional.

Campo minado contra pozos petroleros

La hora entre las cinco y las seis de la tarde es tan estresante, que en nuestra casa la hemos llamado la hora embrujada. Tal vez sepas a qué me refiero. Has trabajado mucho todo el día, ya sea dentro o fuera de tu casa, y ahora te encuentras con la abrumadora decisión de lo que vas a cocinar para la cena. Los hijos han estado prendidos de tus piernas todo el día o han regresado a casa de la escuela y, tal vez, te persigan, hagan sus tareas de la casa o las escolares, o se peleen por ver a quién le toca mirar televisión. El teléfono comienza a sonar de manera incesante (por lo general, son molestos tele-vendedores que desean venderte revestimientos de vinilo, ventanas a prueba de tormentas o quieren enviarte a unas vacaciones gratis que no tienen nada gratuito, que no parece del todo mal en medio de semejante torbellino). Te das cuenta de que no solo tienes que preparar la cena y lavar los platos, sino que también tienes que pagar las cuentas, poner a lavar la ropa, asistir a una reunión del comité de la iglesia y coser el disfraz que usará tu hijo para la obra de teatro de la escuela que se realizará mañana, todo esto, dentro de las tres horas siguientes. El estrés es abrumador y, de repente, entra tu esposo que no está seguro si se metió en un campo minado o en territorio de pozos petroleros. Greg explica:

> Detesto admitirlo, pero durante muchos años, me aterraba llegar a casa del trabajo, temiendo a qué clase de premio sorpresa podía recibir ante mi llegada. Aunque nuestros hijos pequeños siempre estaban felices de verme y de correr a mis brazos, algunas veces Shannon me miraba con desprecio, como si yo fuera la causa de todo el estrés que sentía en ese momento. Entraba por la puerta trasera para tratar de ponerla más molesta de lo que ya parecía estar. Muchas veces, me preguntaba: *¿Qué hice para ponerla tan molesta? ¡Ni siquiera he estado aquí en todo el día!*
>
> A veces, sin embargo, llegaba a casa y me encontraba con un pozo de petróleo en lugar de campo minado. De Shannon manaba la dulzura y la mesa desbordaba con mis comidas favoritas. Por fin, me di cuenta de cuál era el patrón. Luego de varios días de campos minados, Shannon se sentía mal y trataba de resarcirse de todo yéndose al extremo opuesto. Aunque las noches de dulzura eran mucho mejores que las de los campos minados, lo que quería en verdad era que Shannon solo encontrara algún equilibrio: un punto intermedio feliz donde no sintiera la presión de ser la mujer ideal, pero que tampoco se sintiera como la malvada bruja. Yo no tenía problema si entraba a la casa y no estaba limpia o si la cena no estaba sobre la mesa. Esas cosas eran secundarias en comparación con entrar y encontrar que todos estaban de buen humor. En lugar de sentir la presión de tener todo perfecto cuando

llegara a casa, necesitaba que Shannon estuviera menos estresada en ese momento.

Pienso que vale la pena decir que el estado de ánimo que hay dentro de nuestros hogares quizá sea lo más importante de la atmósfera. Podemos tener nuestra casa decorada de manera hermosa y limpia de forma inmaculada, pero como dice el refrán: «Si mamá no está feliz, ¡nadie lo está!». Hasta la Escritura apoya esta teoría. Proverbios 21 dice: «Es mejor vivir en el rincón de un desván que en una casa hermosa con una mujer de mal genio» (versículo 9, LBD), y «Mejor vivir en el desierto que con una mujer rencillosa y quejumbrosa» (versículo 19, LBD). ¿Hay días en los que tu esposo preferiría estar en un rincón del desván o solo en el desierto que contigo? Si es así, trata de hacer que tu hogar deje de ser un lugar de lucha para que se convierta en un lugar de santuario.

La creación de un santuario

El hogar debería ser un lugar de santuario para la familia; un lugar de paz y de descanso donde las almas y los cuerpos puedan alimentarse y donde se fomenten las relaciones saludables. Para crear un ambiente así en tu hogar, prueba alguna de estas ideas:

* *Programa una rápida limpieza diaria de quince minutos.* A algunos esposos quizá no les moleste, pero a la mayoría no les gusta entrar en una casa abarrotada de cosas. Si trabajas y tienes una niñera, pídele que ordene la casa antes de que llegues. Por supuesto, si estás en casa todo el día, hazlo tú misma. No te estreses con la limpieza; solo concéntrate en acomodar las cosas y hacer que el lugar quede más acogedor y relajante. Pide la ayuda de los niños y dales un canasto de la ropa vacío para que puedan ir a cada habitación y recoger cualquier cosa que les pertenezca y que esté fuera de lugar. Programa un reloj automático para que suene a los quince minutos (también te darán resultado diez o cinco minutos si ese es todo el tiempo que tienes) y haz que la carrera contra el reloj, para que

todo esté listo cuando llegue papá, sea como un juego. Esto no es solo para el bien suyo, sino para tu propia salud mental y tranquilidad.

* *Haz que el tiempo de la cena sea especial.* Existe una buena razón por la que casi siempre la gente está dispuesta a pagar veinticinco dólares por una comida en un restaurante bonito antes que cinco dólares en un lugar de comida rápida. Tanto el cuerpo como el alma se benefician de modo increíble con el solo hecho de bajar el ritmo, sumergirse en un ambiente con algunas velas y música suave de fondo, comer una comida agradable y disfrutar de la compañía mutua. Puedes crear esta atmósfera todas las veces que quieras (incluso por precios inferiores a los de la comida rápida) con solo apagar el televisor, encender el equipo de música y preparar una mesa elegante. No guardes tus mejores platos y candelabros solo para impresionar a las visitas un par de veces al año. ¿Quién mejor que tu esposo y tus hijos para que los hagas sentir especiales? Además, no tienes que gastar mucho dinero para preparar una comida sencilla, nutritiva y casera. Algunas veces, he servido hamburguesas en platos de porcelana y leche chocolatada en copas de cristal, solo para crear una sensación especial en nuestros rituales familiares de la cena.
* *Simplifícate la vida.* Si te sucede lo mismo que a mí, es difícil encontrar el tiempo y la energía para cocinar lindas comidas. Cada vez que puedas, cocina una receta doble y congela la mitad, así, la próxima vez que no tengas deseos de preparar comida, solo tienes que calentar la comida casera. Además, en cuanto tus hijos sean lo bastante grandes, designa una noche por semana en la que tengan que ocuparse de la comida familiar. Esto puede quitarte de encima una carga y les enseña a ellos el arte de la hospitalidad al mismo tiempo.
* *Dale su espacio a tu esposo.* A casi todos los hombres les gusta tener al menos una pequeña área de la casa que puedan decir que es propia, donde no tengan que preocuparse

por mantenerla presentable ni decorada para conformar a los demás. Ya sea el garaje, una oficina familiar, una sala de entretenimientos o una simple esquina del dormitorio, permite que tu esposo decida lo que sucede en ese espacio y en cómo se decora (o no).

- *Dale la bienvenida a casa.* Una de las razones por las que nos encanta regresar a casa cuando están nuestros hijos es porque casi siempre realizan una gran producción para darnos la bienvenida con chillidos, abrazos, besos y luchas cariñosas. ¿Cómo te sentirías si cada vez que entraras a tu casa tu esposo se preocupara por darte su reconocimiento con una gran sonrisa y un cálido saludo? Te sentirías amada, ¿no es cierto? Él siente lo mismo cuando le das la bienvenida a casa. Mejor aun, deja de hacer lo que estás haciendo, envuélvelo con tus brazos y dale la bienvenida con un beso.

- *Muéstrate interesada en su día.* Si le preguntas cómo estuvo su día y él responde con algo más que un simple «bien», escucha con atención lo que te dice antes de cambiar de tema para hablar acerca de tu día. Es probable que te esté dando pistas en cuanto a cómo se siente en ese momento, y debes captar esas pistas.
- *No lo conviertas en tu objetivo.* Si has tenido un día difícil o si algo te molesta, no te descargues contra tu esposo cuando pase la puerta de entrada o cuando no salga corriendo para hacer las cosas que esperas que haga. Trata de usarlo como tu caja de resonancia en lugar de usarlo como la diana del tiro al blanco, y pregúntale si tendrá algún momento durante la noche en el que puedas conversar con él acerca de lo que te molesta.
- Si solo estás de mal humor y no quieres hablar en realidad, basta con decir: «Me temo que esta noche no seré muy buena compañía, pero por favor, quiero que sepas que no es tu culpa». Lo más probable es que tu esposo esté feliz de darte el espacio que necesitas. Si te hace falta un día o una noche libre para relajarte y bajar el estrés, por el bien de la armonía en la casa, ¡pídela!

- *Elogia su colaboración*. Cada vez que tu esposo haga algo para ayudarte en la casa o con los niños, exprésale un sincero aprecio. Es fácil pensar: *Bueno, es su obligación ¿no es cierto? ¿Por qué tengo que darle las gracias por hacer lo que le toca?* Sin embargo, recuerda que a todos nos gusta que nos aprecien y nos aplaudan por hacer nuestra parte. Es natural que estos elogios nos insten a querer servir a los demás en un mayor grado.
- *Preocúpate más por la paz que por el orden perfecto*. No permitas que las cosas pequeñas, como calcetines sucios en el suelo, un cesto de basura que desborda o un plato sucio en la sala te destruyan la paz o la unidad en tu relación.
- *Haz que el tiempo de calidad sea una prioridad*. No permitas que otros te roben el precioso tiempo para la familia. Con educación, rechaza la invitación a formar parte de un grupo o a prestar servicio en un comité si esto se traducirá en mucho menos tiempo familiar o en mucho más estrés para ti. Por las noches, limita las distracciones y deja que el contestador automático te muestre las llamadas; puedes devolver una llamada en un momento más oportuno. Dale a tu familia el regalo de una atención exclusiva.

Tu verdadero yo

No siempre es fácil crear un refugio seguro para mi familia, y no siempre tengo éxito en lograrlo todos los días. Aun así, como amo a mi esposo y a mis hijos, siempre *deseo* tenerlo. Requiere tiempo, energía y concentración, pero es un ministerio que bien vale todas estas cosas.

Muchas veces, me ayuda a recordar que mi verdadero yo no es la persona que ven los demás cuando enseño desde una plataforma o hablo delante de una cámara. Ese es mi lado público. Mi *verdadero* yo es mi lado *privado*, la persona con la que tienen que vivir mi esposo y mis hijos. Si le ministro al mundo, pero descuido las necesidades de mi familia o endurezco sus corazones hacia mí debido a que estoy muy ocupada o por lo difícil que es vivir conmigo, ¿qué he ganado? Pablo contestó esa pregunta hace dos mil años:

> Si yo tuviera el don de hablar en lenguas extrañas, si pudiera hablar en cualquier idioma celestial o terrenal, y no sintiera amor hacia los demás, lo único que haría sería ruido. Si tuviera el don de profecía y supiera lo que va a suceder en el futuro, si supiera absolutamente de todo, y no sintiera amor hacia los demás, ¿de qué me serviría? Y si tuviera una fe tan grande que al pronunciar una palabra los montes cambiaran de lugar, de nada serviría sin amor. (1 Corintios 13:1-3, LBD)

«De nada serviría». Estas son palabras fuertes, pero pintan el cuadro de lo vital que es el amor, sobre todo en nuestros hogares. Por lo tanto, que el amor que les mostremos a nuestro esposo y a nuestros hijos a través de los simples actos para crear refugios seguros para nuestras familias, sea la clase de amor al que nos llama Pablo en la siguiente parte de este pasaje:

> El amor es paciente, es benigno; el amor no es celoso ni envidioso [en especial, cuando estamos a solas con nuestra familia en casa]; el amor no es presumido ni orgulloso [ni siquiera cuando podemos hacer las cosas mejor que la persona que las está haciendo]; no es arrogante ni egoísta ni grosero [en especial, cuando la forma de comportarse del otro es perfectamente aceptable, aunque sea diferente a la nuestra]; no trata de salirse siempre con la suya [ni lleva un registro de la cantidad de veces que se encuentran calcetines sucios sobre el suelo]; no es irritable ni quisquilloso; no guarda rencor; no le gustan las injusticias y se regocija cuando triunfa la verdad [y cada vez que él dice: «Yo lavo los platos»]. El que ama es fiel a ese amor, cuéstele lo que le cueste; siempre confía en la persona amada, espera en ella lo mejor y la defiende con firmeza [incluso durante las «horas embrujadas» y el síndrome premenstrual]. (versículos 4-7, LBD)

QUINTA PARTE

cómo le arrojas leña al fuego

haz arder su corazón

Hace algunos años, asistí a una hermosa boda al aire libre donde la joven pareja intercambió los votos bajo un altísimo roble. No fueron los votos típicos; fueron sentimientos elaborados con cuidado que el novio y la novia escribieron de manera especial el uno para al otro. No recuerdo con exactitud las palabras que dijeron, pero hay una línea en particular muy elocuente que nunca podré olvidar. Mientras miraba a su novio de manera profunda a los ojos, la radiante novia proclamó: «Y con libertad, *te adoraré con mi cuerpo*».

Estas palabras crearon un murmullo de sorpresa en la audiencia, mientras la gente se daba vuelta para mirarse con las cejas levantadas y sonrisitas de complicidad. No puedo decir lo que les pasaba a todos por la cabeza, pero yo pensaba: *¡Qué regalo será esta muchacha para su esposo!* Era evidente que mi amiga estuvo de acuerdo, ya que se inclinó hacia delante y susurró: «¡Mira la sonrisa que tiene en su rostro! ¡Sabe que es un hombre afortunado!».

La mayoría de las novias se sienten como esta muchacha el día de sus bodas y tal vez durante algunos meses e incluso algunos años posteriores. Sin embargo, mantener semejante pasión por la relación sexual con nuestros esposos puede ser un desafío. Además, casi todos los hombres no pueden negar que se trata de un desafío que desean de corazón que superen sus esposas.

Relación sexual en bandeja de plata

Aunque algunas mujeres suponen que con estar dispuestas a cumplir con las formalidades una o dos veces a la semana para satisfacer las necesidades sexuales de sus esposos es suficiente, los hombres confiesan que anhelan mucho más de ellas. Considera estas estadísticas:

- Noventa y ocho por ciento de los hombres dijo que «obtener la relación sexual suficiente» no era, en sí misma, suficiente. Consideraron que era importante sentir que su esposa lo desea.
- Ochenta y seis por ciento de los hombres dijo que si su esposa le da toda la relación sexual que desea, pero lo hace de mala gana o solo para satisfacer sus necesidades sexuales, no se sentiría satisfecho en lo sexual.
- Ochenta y seis por ciento de los hombres dijo que si sus esposas fueran compañeras sexuales interesadas y motivadas, tendrían una mayor sensación de bienestar y satisfacción con la vida[1].

Estas estadísticas demuestran que los hombres desean lo que he llegado a llamar relación sexual en bandeja de plata. Quieren sentirse especiales y bien recibidos cuando hacen el amor. Quieren que sus esposas los deseen sexualmente.

Cuando una esposa pierde interés, su esposo siente que no le está dando todo lo que le corresponde. En realidad, no hay diferencia en la manera en que se siente una mujer cuando su esposo parece no estar interesado en satisfacer sus necesidades emocionales. La satisfacción de las necesidades del otro, tanto sexual como emocional, es una calle de doble sentido. Nuestros esposos quieren que sintamos tanto entusiasmo y pasión por satisfacer sus necesidades sexuales como nosotras queremos que ellos sientan tanto entusiasmo y pasión por satisfacer nuestras necesidades emocionales.

Al tratar de convertirme en una compañera sexual más entusiasta para Greg, he tenido que aprender que la sexualidad comprende cuatro componentes únicos que se encuentran entrelazados de manera compleja. He descubierto que al buscar una conexión física con él, también estoy abriendo la puerta a una conexión emocional, mental y espiritual más íntima. Esta revelación me ha ayudado a buscar nuestra relación sexual tanto como procuro que caminemos, conversemos o adoremos juntos. He quedado encantada al descubrir que mi entusiasmo por conectarme con Greg en el aspecto físico lo ha inspirado para conectarse conmigo en los otros niveles.

Para ayudarte a comprender tu propia sexualidad de modo que puedas convertirte en una amante más entusiasta, volvamos a una analogía que usé en cada uno de los libros de la serie «La batalla».

La sexualidad de mesa

Así como una mesa tiene cuatro patas que la sostienen, nosotras tenemos cuatro componentes distintos que comprenden nuestra sexualidad: el aspecto físico, el mental, el emocional y el espiritual. Estas cuatro partes se combinan para formar al individuo sexuado único que Dios quiso que fuéramos. En otras palabras, nuestra sexualidad no es *lo que* hacemos, sino *quiénes somos*, y nos hicieron con un cuerpo, una mente, un corazón, un espíritu y no solo un cuerpo. Si se descuida una de estas patas, la mesa pierde equilibrio y enseguida se convierte en un tobogán. ¿Adónde nos puede llevar ese tobogán? Al hoyo del descontento matrimonial, o incluso a las concesiones sexuales, ya que podemos sentirnos tentadas a que alguna de estas cuatro necesidades se vean suplidas fuera de nuestras relaciones matrimoniales.

Cuando nos desconectamos de uno de estos componentes y no lo atendemos de una manera saludable, las tormentas de la vida pueden hacer estragos en la estabilidad de nuestra relación matrimonial. Es probable que ya hayas experimentado tales tormentas y hayas sentido que las cosas están fuera de control. Es probable que seas una de las muchas mujeres que sienten que sus matrimonios están atrapados bajo una nube oscura, ya que no han experimentado el éxtasis conyugal en muchísimo tiempo. Mi oración es que al leer los capítulos de esta parte, esas nubes les den lugar a nuevos rayos de esperanza y que pronto regresen esos momentos de éxtasis matrimonial.

En las páginas siguientes, exploraremos maneras en que puedes satisfacer los deseos sexuales más profundos de tu esposo al ponerte más en contacto con tu propia sexualidad. Le daremos una mirada a algunas actitudes, a algunos pensamientos y a algunas conductas que pueden romper una de las «patas» de tu deseo sexual y dañar la relación matrimonial. También hablaremos de cómo puedes fortalecer cada una de esas patas, a fin de asegurarte que te relacionas con tu esposo en forma tal que se puedan acercar más el uno al otro.

Por favor, recuerda que el centro principal de este libro es lo que una mujer puede hacer para encender el gozo y la pasión en su esposo. Si quieres que tu esposo aprenda más acerca de cómo satisfacer tus deseos más profundos, sugiérele con amabilidad que lea *La batalla de cada hombre y su matrimonio*.

Preparemos el escenario

La satisfacción sexual y emocional genuinas solo se pueden descubrir dentro de una relación matrimonial, no a través de una aventura extramatrimonial, la masturbación solitaria, ni las fantasías lujuriosas que tengan en cuenta a otras personas, etc. Dios diseñó el plan perfecto de un hombre y una mujer que se juntan en una unión inconmovible llamada matrimonio, donde pueden estar desnudos sin avergonzarse, tal como Adán y Eva antes de que el pecado entrara en escena e hiciera que se escondieran debido a la vergüenza (lee Génesis 2:25 y 3:7).

De acuerdo con este diseño perfecto, tu esposo tiene el papel estelar, y Dios te ha asignado el papel de primera actriz. Tal vez, el pasaje del libro *Salvaje de corazón* de John Eldredge, donde habla acerca de cómo Ruth usó sus encantos femeninos dados por Dios para encender el corazón de Booz te ayudará a tener una visión de este magnífico papel que te han dado:

> Le digo que en realidad la iglesia ya tiene mujeres traumatizadas cuando les dice que su belleza es vana, y que están en lo mejor de su feminidad cuando «sirven a otros». Una mujer está en lo mejor cuando es una mujer. Booz necesita un poco de ayuda para seguir adelante, y Rut tiene algunas opciones. Puede fastidiarlo: *Lo único que haces es trabajar, trabajar y trabajar. ¿Por qué no te levantas y eres un hombre?* Rut puede gemir: *Por favoooor, Booz, apúrate y cásate conmigo.* Puede castrarlo: *Pensé que eras un verdadero hombre, me imagino que me equivoqué.* O puede utilizar todo lo que tiene como mujer para lograr que él utilice todo lo que tiene como hombre. Puede excitarlo, inspirarlo, vitalizarlo... seducirlo. Pregunte a su hombre lo que prefiere[2].

¿Estás lista para encender la llama de la pasión en tu esposo, para inspirarlo y energizarlo, para seducirlo de modo amoroso y ser la compañera sexual que anhela? Si es así, sigue leyendo para aprender más acerca de cómo convertirte en una amante más entusiasta y en una esposa sexualmente satisfecha.

la conexión mental y física

La tarde está avanzada y suena el teléfono. En lugar de ser el televendedor que esperabas, te sorprendes al oír que el que está al otro lado de la línea es tu esposo. Quiere saber si puede traer una niñera para llevarte a tu restaurante favorito y así pasar una velada relajante con buena comida y una gran conversación. No existen las segundas intenciones. Solo quiere pasar algún tiempo contigo y llenar tu tanque emocional de amor porque te ama. ¿Demasiado bueno para ser verdad? Tal vez. Sin embargo, quizá no.

Borra esta imagen de tu mente e imagina la siguiente: Levantas el teléfono y llamas a tu esposo para decirle que acabas de enviar a los niños a la casa de una amiga para que pasen allí la noche. Le dices que no quieres vestirte con ropa especial para salir, sino que prefieres ¡*desvestirte* y *quedarte* con él! Le preguntas si puede comprar una pizza de regreso a casa y que tú prepararás el ambiente para una maravillosa velada en la que juntos puedan hacer el amor. ¿Te parece que tendrá deseos de salir de la oficina? ¿Te parece que experimentará un poquito de gozo y de pasión hacia ti de camino a casa? Por supuesto.

Muy bien, permíteme preguntarte: ¿Estás dispuesta a satisfacer las necesidades sexuales de tu esposo como deseas que él satisfaga tus necesidades emocionales?

Muchas mujeres piensan que nuestros deseos emocionales son muy superiores a los deseos sexuales de nuestros esposos. La necesidad que tenemos de conexión emocional nos parece legítima y buena. Después de todo, Dios es amoroso en extremo y quiere tener intimidad relacional con nosotros. Aun así, puede resultarnos difícil imaginar que la necesidad que tiene el hombre de conexión sexual sea tan legítima y buena. Entonces, es allí donde la teología no tiene éxito.

Tu esposo, y todos los hombres, están hechos a la imagen de Dios, y Él declaró que su creación era «muy buena». ¿Acaso Dios sabía que Adán y todos sus descendientes masculinos se estimularían visualmente y anhelarían el contacto físico, que desearían de manera muy profunda los encuentros sexuales frecuentes y apasionados? Sí. Dios diseñó a los hombres de este modo, y no podemos llamar impuro a lo que Dios creó y llamó bueno.

No puedo explicar este misterio, pero creo que cuando lleguemos al cielo, diremos «¡Ah!», cuando podamos comprender la conexión que existe entre la sexualidad masculina y la espiritualidad de Dios. Mientras tanto, debemos creer que el papel de la esposa como única fuente de satisfacción sexual de su esposo es un llamado santo y supremo.

Para llevar a cabo este llamado, debemos reconocer la conexión entre los aspectos mentales y físicos de nuestra sexualidad. Si al pensar en la relación sexual con nuestro esposo chocamos contra una pared mental que parece imposible de escalar, pronto extinguiremos sus llamas de gozo y pasión (junto con las nuestras). No obstante, si aprendemos a escalar la pared, del otro lado encontraremos que el gozo y la pasión nos esperan, tanto a nosotras como a nuestros esposos.

La diferencia entre chocar contra la pared y escalarla

Muchas mujeres me dicen que aman a sus esposos y que hasta disfrutan de un orgasmo de vez en cuando, pero cuando sus esposos tratan de iniciar la relación sexual, estas mujeres no están demasiado interesadas. Algunas han llegado a confesar que desearían que la relación sexual no fuera un «requerimiento» en el matrimonio, porque en realidad no sienten mucha necesidad de él.

Si has tenido pensamientos similares, debes recordar que Dios creó a las mujeres, como también a los hombres, para que sean seres sexuados. Por lo tanto, aun cuando la estimulación y la satisfacción sexual no sean necesidades que sientas con tanta fuerza como las siente tu esposo, *son* necesidades que tienes. Tal vez estén ocultas o enmascaradas en lo más profundo, pero están allí de todos modos.

Por cierto, hubo veces en las que Greg estaba interesado en tener relaciones sexuales, pero yo no estaba preparada mentalmente. Consideraba la idea un par de segundos, solo para ver si podía hacer acopio de alguna clase de deseo. Si me parecía que golpeaba contra una pared y que no podía juntar la suficiente energía como para saltarla, casi siempre mi respuesta era: «No, esta noche no», seguido de alguna pobre excusa.

Sin embargo, he llegado a entender que un hombre puede tomarse muy a pecho el rechazo sexual de su esposa. Le parece que no solo le está diciendo que no a la relación sexual, sino también a su persona, a su amor, a su atención, a su afecto y a su deseo de conectarse con él. También descubrí que aunque no sintiera ningún deseo en el momento en que Greg iniciaba la relación, este pronto surgiría si me ocupaba de ciertas actividades sexuales por amor a él y por el deseo de recibir el amor que deseaba darme. En otras palabras, puedo decidirme a escalar la pared en lugar de permitir que me impida la unidad que Greg y yo podemos experimentar.

¿Y qué encuentro a menudo al otro lado de la pared? Euforia. Algunos de los momentos de placer más intensos que hemos tenido se han presentado durante esas veces en las que mi cerebro me dijo, en un principio, que no estaba interesada. Varias veces, hasta he pensado (y puesto en palabras) cosas como: «¡Quiero que me hagas esto todas las noches!». Aunque el impulso sexual de Greg nunca ha sido lo bastante fuerte como para tomarme la palabra, saber que de seguro disfruto de su compañía sexual lo suficiente como para desearla con sinceridad, enciende su corazón.

¿Estás lista para aprender a escalar paredes mentales de modo que tú también logres encontrar euforia del otro lado? Si es así, veamos cuál es la preparación que se requiere para estas aventuras de trepar paredes.

La preparación de la mente y el cuerpo para la pasión

Se ha dicho que para una mujer, el placer sexual y el orgasmo son noventa y cinco por ciento mental y cinco por ciento físico, lo que hace énfasis en el papel fundamental que representa la preparación mental en la relación sexual para la mujer. Aunque nadie puede asignarle un porcentaje exacto a la importancia que tiene cada componente en la creación de una respuesta sexual placentera, creo que es cierto que la preparación mental puede traer como resultado encuentros sexuales más frecuentes e increíblemente satisfactorios.

¿Cómo puede prepararse mentalmente una mujer para una experiencia sexual apasionada con su esposo? Aquí tenemos algunas ideas para que te inspires:

* *Piensa con antelación*. Muchas veces, no podemos reunir la energía para hacer algo, solo porque no lo hemos planeado con anticipación. Por ejemplo, si sé lo que estoy preparando para la cena de esta noche y tengo todos los ingredientes que necesito, parece que no es tan difícil cocinar. Entonces, si no he preparado un plan, entraré a la cocina a las seis de la tarde y me sentiré abrumada y sin idea de qué servirle a mi familia. Algo similar sucede con la relación sexual. Si entro a la habitación a las diez de la noche sin otro plan más que irme a dormir, la idea de tener relaciones sexuales antes de quedarme dormida puede parecerse a una montaña que es demasiado alta como para escalarla. No obstante, si con anterioridad ese día, he pensado en cómo me gustaría hacer estremecer a mi esposo (¡o estremecerme yo misma!) y he anticipado tal experiencia, puedo entrar a la habitación a las diez de la noche con energía de sobra.
* *Deja de prestar atención a las distracciones*. Las distracciones mentales en el dormitorio pueden ser verdaderas asesinas de la pasión. Tal vez sea el teléfono que suena en medio de un momento mágico, la televisión que habla y habla sin parar, o la computadora que anuncia: «¡Tienes un mensaje!». Lo que es peor, tal vez sea el niño que sale de su cama y entra en la habitación porque quiere un vaso de agua. Haz todo lo que sea necesario para impedir tales distracciones, de modo que logres concentrarte sin reservas en tu esposo. Cierra con llave la puerta del dormitorio

para evitar visitas sorpresa, apaga el televisor y la computadora y desenchufa el teléfono. Se trata de tu momento, así que no te sientas mal por apagar cualquier distracción potencial.

* *Crea el ambiente.* Para una mujer es difícil sentirse romántica si se encuentra en una habitación llena de cosas o que no le gusta para nada. Dedica, con regularidad, algunos minutos a ordenar la habitación para que tengas una sensación de paz y tranquilidad. Considera la posibilidad de encender una vela o de poner alguna música suave. Si la decoración no te inspira en absoluto, pregúntale a tu esposo si puedes utilizar un fin de semana para realizar una renovación total del dormitorio. Si sabe que tu motivación es sentirte más inspirada para tener relaciones sexuales con más frecuencia, es probable que te entregue la tarjeta de crédito con una sonrisa y se ofrezca a llevarte hasta la tienda de pintura.

Por supuesto, la preparación mental es solo parte del plan de batalla. La preparación física tiene la misma importancia, así que aquí tenemos algunas ideas prácticas más para que te inspires:

* *Reserva tiempo y energía para él.* Siempre que sea posible, organiza tu tiempo y tu energía de modo que te sobre algo para darle a tu esposo esa noche. No pospongas las tareas hasta la noche si puedes hacerlas por la mañana o por la tarde. Busca tiempo libre fuera de las horas pico solo para estar juntos como pareja. Si tienes hijos, esto puede representar un desafío. A nuestros hijos les decimos: «No arropamos a nadie luego de las diez de la noche». Si quieren tiempo para conversar con cualquiera de los dos, deben hacerlo antes de irse a dormir, de modo que no interfieran con la hora sagrada de mamá y papá que va de las diez a las once de la noche.
* *¡Mímate!* No te sientas culpable por robar treinta minutos para mimarte y así ayudarte a estar de humor para las relaciones sexuales. Si me siento pegajosa luego de un

largo día bajo el calor de Tejas o si siento las piernas como un puercoespín, es un poco difícil ocuparme del deseo sexual. En cambio, si acabo de salir de un baño de burbujas tibio con las piernas recién afeitadas, Greg no tiene que hablar mucho para prepararme de manera mental y física para que me conecte con él. También recomiendo que la higiene íntima forme parte de tu rutina diaria. El uso regular de un producto de limpieza como un jabón suave especial para las partes externas del área vaginal, te dará la confianza para entrar en el juego sexual espontáneo en cualquier momento en que los dos se sientan juguetones.

* *Haz del contacto físico una prioridad.* Aunque, por cualquier motivo, no necesariamente sientas deseos de tener relaciones sexuales, procura de algún modo el contacto de piel con piel con tu esposo, con la mayor frecuencia posible, de modo que pueda deleitarse en tus atenciones físicas. Den juntos una caminata tomados de las manos o siéntate a su lado en el sofá con la mano sobre su muslo mientras miran su programa favorito de televisión. Ofrécele un masaje en la espalda o pídele que te frote los pies con loción. Casi siempre, el solo hecho de entrar en una de estas actividades te pondrá en el apropiado estado de ánimo para sentirte más juguetona y más cariñosa con tu esposo.

La preparación mental y física no solo puede ayudarte a convertirte en una amante más dispuesta, sino también puede liberarte de cualquier inhibición injustificada que puedas sentir.

Inhibición contra exhibición

Cuando no hay nadie alrededor más que tú y tu esposo, ¿qué pensamientos subconscientes impulsan tu conducta en la privacidad de tu dormitorio? Por lo general, ¿te sientes inhibida, avergonzada por tu cuerpo y más inclinada a cubrirlo para que tu esposo no vea las cosas que te abochornan? Por otro lado, ¿eres exhibicionista y sientes la libertad de permitirle a tu esposo que te coma con la mirada todas las veces que quiera? La excesiva inhibición puede ser un verdadero impedimento para la intimidad tanto para el esposo como para la esposa, mientras que una exhibición razonable puede ser propulsora de la intimidad.

La mayoría de los hombres ansían la estimulación visual casi como el aire y el agua. Cuando posan los ojos en algo seductor, sus cuerpos experimentan una inmediata reacción placentera. Fred Stoeker le llama a esto estímulo químico en *Corazones restaurados*, un libro que escribió con su esposa, Brenda. En una conversación que tuvo con su hijo preadolescente, explica:

> Cuando miramos a las mujeres sin ropa, existe una reacción química que se produce en nuestro cerebro que, según lo que muchos dicen, es muy parecida a la reacción que se produce al tomar cocaína [es adictivo] [...] Cuando nuestros ojos quedan atrapados en imágenes de mujeres desnudas, hay sustancias químicas placenteras que inundan los centros marginales de placer de nuestro cerebro y, como causan una buena sensación, deseamos volver a aspirar (mirar). Por lo tanto, muchas veces nuestras conductas adictivas [a la pornografía o a mirar a otras mujeres] no tienen sus raíces en alguna clase de falta de amor hacia nuestras esposas. Más bien, están ligadas a las alturas de placer que activan las imágenes que entran por los ojos [...]
>
> [Este] estímulo químico original no es una decisión que se toma y, por lo tanto, no siempre puede ser consciente. Lo que sucede es que la belleza del cuerpo de una mujer se pega a los ojos y luego en los centros de placer del cerebro [...]
>
> La mayoría de los chicos admitirían que entienden muy bien cuál es este pequeño estímulo químico. Es tan solo un golpecito rápido [...] y trae una curiosidad natural por las mujeres[1].

Seamos sinceras. Como mujeres, nunca comprenderemos la sensación que producen estos estímulos químicos. Nunca entenderemos a plenitud lo que es ansiar la estimulación visual. Podemos ver a un tipo atractivo y musculoso con un traje de baño ajustado y pensamos: *¡Qué asco! ¡Ponte alguna ropa encima!* No obstante es raro, muy raro, que exista un hombre al que le dé asco ver a una mujer hermosa con un diminuto biquini. Es probable que aparte la vista, pero porque se ha disciplinado, no porque le disguste. La mayoría de los hombres debe aprender a hacerle frente y a entrenar su mirada merodeadora para que permanezca concentrada en sus esposas. Para un hombre, es una disciplina que requiere gran determinación y puedes ayudar inspirándolo a que mantenga sus ojos concentrados en ti.

Uno de los regalos más maravillosos que puedes darle a tu esposo es una mirada «solo para tus ojos» de tu cuerpo desnudo o ligero de ropa, todas las veces que lo desee. Hace poco, Greg me lo confirmó en gran manera. No había lavado ropa durante algunos días y me había quedado sin un sostén limpio para asistir a la reunión de la iglesia una noche, así que me puse los vaqueros y una camisola con tirantes finos que tenía un sostén incorporado, con la intención de ponerme la camisa cuando terminara de arreglarme el cabello. Greg regresó a casa del trabajo y me vio en el baño sin otra ropa más que los vaqueros y la camisola, y terminamos llegando tarde a la iglesia porque no podía quitarme las manos de encima. ¡Yo no tuve ningún problema! Me sentí muy halagada al ver que pensaba que me veía tan seductora. He llegado a comprender que el contacto físico es la manera en que mi esposo tiene para decir: «¡Mujer, te amo!» y me sentí *muy* amada en ese momento.

Durante la velada, Greg y yo vimos a otra mujer que tenía puesta una camisola del mismo estilo, pero no llevaba ninguna camisa encima. Me di cuenta de que Greg evitó mirarla toda la noche, pero no pudo quitarme los ojos de encima cuando me quité la camisa al llegar a casa y me quedé con la camisola. Esa noche, hicimos el amor y Greg me derritió el corazón con las palabras que dijo. Esta es parte de su conversación, la que pienso que representa la manera en que se sienten los hombres cristianos:

> Estoy muy agradecido que mi esposa se vista con modestia en público, ya que no quisiera que otros hombres se quedaran embobados con ella, pero estoy agradecido de igual modo porque no se inhibe en lo absoluto en la privacidad de nuestro dormitorio. Esa noche me sentí tan inundado

por este sentimiento que no pude resistir decirle: «Shannon, ¡me encanta que siempre me dejes que mire tu cuerpo! Sé que puedo regresar a casa y comerte con la mirada tu hermoso cuerpo todo lo que quiera. Y lo mejor de todo es que no tengo que sentirme culpable al respecto».

Te aliento a que también le des este regalo a tu esposo. No tienes que vestirte como una prostituta. Es probable que tu esposo prefiera verte con una camiseta y unas bragas, con ropa interior linda, o con la ropa de gimnasia que es demasiado reveladora para un gimnasio público, pero que es perfecta para hacer ejercicio en el suelo del dormitorio mientras él mira. Solo tienes que descubrir qué clase de atuendo (o falta del mismo) lo excita más, y luego, permitir que te encuentre así tantas veces como las que te encuentra con camisetas amplias o camisones de franela.

Aquí me aventuraré aun más y te diré cómo continuó la conversación con Greg esa noche, porque espero que te ayude a vencer cualquier inhibición que puedas tener para ser más exhibicionista frente a tu esposo. Cuando Greg me dijo un cumplido tan dulce acerca de cómo encendía su fuego al dejarlo que me mirara con tanta frecuencia, respondí: «Apuesto a que te encantará mirarme mucho más cuando baje estos cinco kilos extra que tengo». Miró mi cuerpo y dijo: «Shannon, no puedo imaginar que pudieras verte más hermosa de lo que te ves ahora».

Amigas, existe un mensaje poderoso y liberador en las palabras de Greg. No podemos permitir que unos pocos kilos adicionales nos produzcan tal inhibición como para quitarles a nuestros esposos una de las cosas que más ansían: la estimulación visual. Tu esposo no le preocupa tanto tu talla de ropa como tu disposición a permitirle que te mire con esa ropa y sin ella. La mayoría de los esposos te dirá que no necesita, y ni siquiera desea, que sus esposas se vean como las anoréxicas del mundo de la fama. Quieren mirar las curvas de sus esposas, sin importar la medida que tengan. Tu esposo quiere que te sientas lo bastante bien contigo misma como para que le permitas, sin vacilación, comerte con la mirada cada vez que lo desee.

Si el exceso de peso está destruyendo tu confianza sexual, busca ayuda terapéutica y llega a la raíz de tu problema de peso. Por lo general, existe una razón emocional por la que comemos en exceso y, casi siempre, estas razones están arraigadas de manera profunda en nuestra niñez o en experiencias sexuales tempranas. Si comprendes estas conexiones emocionales, puedes verte liberada para hacer de una nutrición adecuada y un estilo de vida saludable una prioridad. Además, cuando te sientas mejor contigo misma, sentirás mucho más entusiasmo en compartir tu cuerpo con tu esposo.

Por supuesto, no es realista pensar ni esperar que una esposa *siempre* esté lista y dispuesta para tener relaciones sexuales. Habrá momentos en los que estés descompuesta de verdad o demasiado cansada, y está bien. Sin embargo, tu respuesta a sus insinuaciones pueden encender o extinguir la llama de la pasión que siente por ti.

Dilación contra iniciación

Piensa en estos mensajes electrónicos de hombres que respondieron a la lectura de *La batalla de cada hombre*:

- «Me parece mucho más fácil masturbarme que enfrentarme a la posibilidad de que mi esposa me rechace. He oído el no tantas veces que he perdido la esperanza de oír un sí alguna vez».
- «Me siento más seguro pidiéndole un aumento a mi jefe que pidiéndole a mi esposa que tengamos relaciones sexuales. Además, si mi jefe rechaza mi pedido, es probable que no me produzca tanto daño como el rechazo de mi esposa».

Estos mensajes te resultan tan aleccionadores como me resultan a mí. Cuando eres consciente de cómo puede herir a tu esposo tu falta de interés en la relación sexual, esto puede motivarte a ser más sensible en cuanto a cómo respondes durante esos momentos en los que *no* es un buen momento de verdad. Entonces, en lugar de contestar con un no a secas, piensa en una respuesta más prometedora, como: «Este no es un buen momento para mí, ¿pero podemos encontrar alguna otra ocasión por la mañana, o mañana por la noche, o tal vez el fin de semana?». Dile a tu esposo que estás interesada en conectarte de manera apasionada con él (lo ideal sería durante el día siguiente o algo por el estilo), pero que prefieres esperar un momento más oportuno para poder estar más presente en el aspecto mental y emocional, o con más energía física. Luego, dale prioridad a ese tiempo, así como quisieras que él le dé prioridad a una salida contigo. En lugar de sentir que esto es falta de iniciativa o rechazo, tu esposo se sentirá honrado por tu esfuerzo conciente de buscar un momento más oportuno en el futuro cercano para tener una conexión física apasionada con él. Entonces, se derretirá cuando estés lista y *tú* seas la que tomes la iniciativa.

Además, cuando estés pensando en la conexión sexual con él, haz que lo sepa, aunque la conexión física no sea posible. Algunas veces, Greg está fuera de la ciudad o está atado a su escritorio todo el día, pero lo llamo solo para decirle: «¡Pensar en ti hoy me ha puesto de humor! Desearía que estuvieras aquí en este mismo momento». Cuando un hombre sabe que tiene a una compañera interesada que lo espera en casa, no trabajará hasta tarde, a menos que no tenga otra alternativa.

Si no sientes la libertad ni el deseo de iniciar la intimidad sexual con tu esposo, da algunos pasos para remediar este impedimento. Un primer paso sencillo es leer juntos un gran libro llamado *Una celebración del sexo*, del Dr. Doug Rosenau. Es un excelente consejero cristiano y terapeuta sexual. Muchas parejas (incluyéndonos a nosotros) hemos descubierto que su libro es increíblemente perspicaz, no tiene pelos en la lengua y es benéfico para las relaciones sexuales. Además, no dudes en llamar al 1-800-NEW-LIFE [en Estados Unidos] para localizar a un buen consejero o terapeuta sexual en tu área si lo necesitas. Para eso están, y la relación sexual es un aspecto demasiado importante de tu matrimonio como para obviar cualquier problema que inhiba la intimidad sexual.

Quiero cerrar este capítulo con una analogía inspiradora que ilustra con cuánto entusiasmo los amantes ven la relación sexual.

La relación sexual bombilla contra la relación sexual rayo láser

Piensa por un momento en dos objetos: una bombilla y un rayo láser.

El poder de una sola bombilla es limitado porque envía rayos de luz en muchas direcciones diferentes. Una bombilla en el rincón de una habitación oscura ilumina bastante bien ese rincón, pero no proporciona una luz abundante a ningún otro rincón de la habitación. Su poder es demasiado limitado.

Sin embargo, con rayo láser, los rayos de luz corren paralelos los unos a los otros y se concentran en una sola dirección en lugar de dispersarse en todas direcciones. Un rayo de luz así puede viajar grandes distancias, debido a su concentración y su potencia. En la actualidad, hasta nos hemos dado cuenta de que los rayos de luz del rayo láser tienen una concentración tan potente que pueden cortar metal o con ellos se pueden realizar operaciones.

Ahora, pensemos en dos tipos de conexiones sexuales en el matrimonio: la relación sexual *bombilla* contra la relación sexual *rayo láser*. Participamos de la relación sexual bombilla cuando esparcimos nuestras energías mentales y físicas en muchas direcciones diferentes (por ejemplo, hacia el hijo que se debe disciplinar, la ropa sucia que hay que lavar, la amiga a la que tenemos que llamar por teléfono, lo mucho que desearíamos terminar con «esto», etc.), en lugar de concentrarnos en nuestros esposos. Una conexión así, puede satisfacer el impulso físico inmediato que necesita una liberación sexual, pero su poder para unir a una pareja en el sentido mental, emocional y espiritual es muy limitado.

En cambio, con la relación sexual rayo láser, ambos cónyuges concentran su energía mental y física en el otro, así como los rayos de luz se concentran en el rayo láser. Se esfuerzan por satisfacer las necesidades únicas de intimidad física y emocional del otro. El tiempo de intimidad sexual es una prioridad e incluso, si es necesario, programen juntos un tiempo a solas especialmente para este propósito. Están presentes en el aspecto físico y mental, y experimentan a pleno los momentos embriagantes de placer y bienestar con su cónyuge.

¿La relación sexual láser no parece mucho más atractiva y satisfactoria que la de la bombilla? Por supuesto. ¿Y cuál te parece que encenderá más gozo y pasión en tu esposo? Sin duda, le encantará tenerte presente tanto en el aspecto mental como en el físico mientras hacen el amor. No hay nada más satisfactorio que saber que eres el centro de atención en la mente de tu cónyuge, en especial durante los momentos sexuales juntos.

Si te sientes inspirada para conectarte de manera mental y física con tu esposo, sigue leyendo mientras vemos cómo tener una conexión espiritual y emocional poderosa.

la conexión espiritual y emocional

Uno de mis descubrimientos más sorprendentes acerca de la sexualidad llegó en forma accidental por completo, y de acuerdo con la cantidad de mensajes electrónicos que recibo todos los meses de lectoras de *La batalla de cada mujer*, muchas otras mujeres se han tropezado con el mismo descubrimiento. ¿A qué me refiero? Se trata de una línea increíblemente delgada entre la conexión espiritual y emocional, y la pasión sexual. No estoy muy orgullosa de *cómo* hice este descubrimiento. Hacía menos de cinco años que Greg y yo estábamos casados, cuando me ofrecí para trabajar como consejera voluntaria en un campamento de verano. Fui al campamento con la expectativa de comenzar enseguida a satisfacer las necesidades de los adolescentes. Sin embargo, pronto me encontré en una aventura amorosa emocional inadecuada con Scott, un consejero soltero.

Estoy segura de que te estás preguntando cómo permití que sucediera. Con mis veintitantos años y una increíble ingenuidad en cuanto a la dinámica de las aventuras emocionales, con sinceridad pensé que mis acciones eran puras por completo, porque Scott y yo no estábamos haciendo nada «sexual». Adorábamos juntos durante las reuniones de la noche. Conducíamos juntos estudios bíblicos con nuestros pequeños grupos mixtos. Conversábamos de manera íntima acerca de temas espirituales e intercambiábamos nuestros versículos favoritos. Orábamos juntos tomados de la mano, solo porque pensábamos que era lo que debía hacer la gente cuando oraba. A medida que pasaba la semana, la batalla en mi mente comenzó a arreciar. Scott me daba mucho más la sensación de un nuevo novio que de un hermano en Cristo. Regresar a casa con Greg parecía una desilusión.

A los pocos días, Scott comenzó a aparecer por casa para pasar conmigo las tardes que tenía libre, mientras Greg se encontraba en el trabajo. Solo cuando Scott y yo nos encontramos abrazados, nos dimos cuenta de que los sentimientos que teníamos el uno para con el otro habían cruzado la línea, que debía confesárselo a mi esposo y que debía trazar nuevos límites en la relación a fin de evitar otros enredos emocionales. Fue entonces, cuando me di cuenta de que existe una poderosa conexión entre la espiritualidad y la sexualidad. Con razón es el tema de tantos libros y películas como *Las uvas de la ira*, *El pájaro canta hasta morir* y *La letra escarlata*. Donde existe una fuerte conexión espiritual, enseguida se forma un fuerte lazo emocional, y este conduce a la pasión sexual, por esa razón tu esposo es el único hombre con el que deberías buscar una conexión espiritual y emocional profunda.

Dios diseñó el matrimonio para que fuera el lugar en el que una pareja pueda estar desnuda sin sentir vergüenza (lee Génesis 2:25), y creo que su intención no fue solo la desnudez física, sino también la espiritual y la emocional.

La desnudez espiritual y emocional

Muchas parejas suponen por error que la relación sexual es un *medio* para la cercanía y la intimidad, pero la conexión física en el matrimonio debería ser una *respuesta* a un nivel aun más profundo de intimidad: la espiritual y la emocional. Cuando una mujer inspira intimidad espiritual y emocional en la relación con su esposo, será una compañera sexual mucho más entusiasta.

En los primeros años de nuestro matrimonio, tanto Greg como yo no comprendíamos la importancia de generar una conexión espiritual y emocional en lugar de una que solo fuera física. En muchas ocasiones, pensaba que me había casado con un adicto al sexo y es probable que Greg pensara que se había casado con una mojigata frígida.

¿Cómo formulamos estas opiniones? Debido a que en el momento en que me quitaba la ropa y el maquillaje, me cepillaba los dientes y me metía debajo de las colchas, el motor de Greg ya estaba encendido. Me miraba con una sonrisa esperanzada y decía: «¿Quieres tener relaciones?». Para Greg, el deseo de tener relaciones sexuales parecía salir de la nada, mientras que a mí no me cruzaba el pensamiento por la mente. Sin la oportunidad de hacer entrar en calor esta idea, respondía a la invitación con frialdad. Por lo general, respondía: «No, tan solo abrázame y conversemos». La mayoría de esas veces, cuando trataba de iniciar la relación otra vez antes de irnos a dormir, me sentía irritada o herida al ver que no respetaba mi no anterior. Sin embargo, me di cuenta de que había otras veces en que la idea de entregarle mi cuerpo se tornaba mucho más atractiva mientras conversábamos, en especial, si orábamos juntos. Greg tampoco necesitaba orar. Aunque le sugiriera: «¿Podemos orar?», y me respondiera: «Adelante, ora», descubría que me sentía más cerca de Greg mientras derramaba mi corazón delante de Dios frente a mi silencioso esposo. Para mí, la oración parecía ser uno de los mejores afrodisíacos, y la conexión espiritual y emocional que creábamos durante este tiempo preparaba a menudo el camino para conexiones físicas increíbles luego del «amén».

Por supuesto, Greg no siempre tenía muchos deseos de conversar ni de orar cada vez que deseaba tener relaciones sexuales. Tal vez tu esposo te haya expresado una preferencia similar: que no quiere *hablar*, sino más bien *tocar*. Quizá no quiere *orar*, sino tan solo *jugar*. En esos momentos, he descubierto que sirve de ayuda combinar las dos actividades: jugar y orar.

Por ejemplo, mientras tú y tu esposo se acercan puedes orar en silencio: *Señor, tal vez no sienta deseos de hacer esto en este momento, pero ofrezco la relación sexual con mi esposo como un acto de adoración delante de ti.* Mientras comienzas a frotarle el pecho, visualiza lo que hay detrás de ese exterior de facciones duras y ora (algunas veces, en voz alta, otras, en silencio): *Señor, gracias por el corazón de mi esposo. Gracias porque me ama tanto que me encuentra atractiva y porque desea tener contacto sexual conmigo.* Al ser uno en la carne, ora en silencio: *Señor, gracias por habernos unido como marido y mujer. Ayúdanos a permanecer fieles a nuestro compromiso contigo y del uno para con el otro. Fortalécenos como pareja y ayúdanos a estar en un mismo espíritu.*

Entiendes a qué me refiero. Si lo que ansías es la conexión espiritual y emocional y lo que él ansía es la conexión física, une las dos y ambos pueden irse a dormir satisfechos. Pienso que descubrirás que puede darle un gran realce a tu goce en la experiencia sexual. Cuando dos seres humanos tienen una conexión espiritual y emocional, los deseos físicos sexuales siguen con mucha naturalidad. Dios puede atraerlos de modo sobrenatural el uno hacia el otro, en la medida que ustedes se sienten atraídos hacia Él. Además, a medida que Dios haga que te sientas atraída hacia tu esposo en el aspecto sexual, su corazón se encenderá, sin duda, por tu interés renovado y tu entusiasmo.

Sin embargo, es importante reconocer que algunos hombres no se sienten lo bastante seguros (o no son lo suficiente maduros en su fe) como para querer participar de actos espirituales, como la adoración o la oración con sus esposas. En este caso, lo peor que puede hacer una esposa es leer este capítulo y luego darle la lata a su esposo acerca de su falta de inversión en una conexión espiritual. Sería peor aun si lo culpara por la falta de deseo físico que siente ella. Estas respuestas solo aumentarán la distancia entre un esposo y una esposa. La intimidad genuina solo se puede *inspirar*, no se puede *exigir*.

Entonces, ¿qué puedes hacer si quieres conectarte con tu esposo de manera espiritual y emocional y todavía él no se muestra receptivo a la idea? Solo ocúpate de las cosas sobre las que tienes más control: esas actitudes sobre las que hablamos en los capítulos anteriores que fomentan la aceptación y la valoración mutua. Es probable que a tu esposo le haya llevado años construir la pared que los separa en el espíritu y las emociones, y es probable que se necesite una importante cantidad de tiempo y de paciencia antes de que baje la pared. Tu disposición a correr riesgos emocionales, sin embargo, puede representar un papel muy importante en el aliento que reciba para hacer lo mismo.

Debes estar dispuesta a correr riesgos emocionales

Por lo general, las mujeres se sienten más estimuladas en lo emocional que los hombres, entonces deberíamos tener en cuenta también que debemos llevar la delantera en demostrar la vulnerabilidad emocional. Algunas veces, permitimos que las inseguridades tácitas hagan estragos en nuestro estado de ánimo y pongan distancia entre nosotras y nuestros seres queridos, pero cuando expresamos esas inseguridades y le pedimos a nuestro esposo que nos dé aliento, que ore o que solo nos abrace, podemos recibir la fuerza para seguir luchando cualquier batalla que tengamos que enfrentar en la vida. Entonces, no sigas guardándote lo que sucede en tu interior, aunque parezca insignificante o irracional. Debes estar dispuesta a contarle a tu esposo tales cosas como:

- «En estos días, me siento muy malhumorada y no sé por qué».
- «Estoy luchando por sentirme segura en un momento en el que nuestras finanzas parecen estar tan fuera de control».
- «Siento que no soy la madre que se merecen nuestros hijos».

Cuando una esposa está dispuesta a correr un riesgo y a admitir sus sentimientos, e incluso sus fracasos, abre la puerta para que su esposo admita los suyos con humildad. Aunque me resultó terriblemente difícil confesarle a Greg la aventura amorosa emocional que tuve con Scott, Dios redimió la situación y nos enseñó tanto a Greg como a mí algo acerca de nosotros, que de otro modo no hubiéramos conocido. Greg explica esta revelación desde su perspectiva:

> La aventura amorosa de Shannon fue, sin duda, una llamada de atención para mí. Aunque era su esposo, había pasado por alto la importancia de conectarme con ella en el aspecto espiritual, no solo en el sexual. Participábamos en la iglesia, pero no la guiaba ni la alentaba como debería haberlo hecho. El único momento en que orábamos juntos era durante una breve bendición antes de comer. Estudiábamos la Biblia en forma individual y privada. No le preguntaba qué le estaba enseñando Dios ni tampoco le contaba lo que yo estaba aprendiendo. Éramos Llaneros Solitarios espirituales que vivíamos bajo el mismo techo y dormíamos en la misma cama, pero que estábamos ajenos por completo a la conexión que nos estábamos perdiendo.

Hizo falta tiempo para sanar y comenzar a confiar en ella otra vez luego de enterarme de esta aventura. Aun así, sabía que no podía perder más oportunidades para establecer una conexión espiritual con ella. Comenzamos a orar juntos para que Dios me ayudara a perdonarla, para que ayudara a Shannon a perdonarse a sí misma y para que aprendiéramos a rendir culto, a estudiar la Escritura y a orar juntos, de modo que ninguno de nosotros pudiera ser vulnerable a tentaciones extramatrimoniales como esa.

Su confesión también me dio el valor para admitir que yo tampoco había sido fiel al cien por cien. Por más vulnerable que fuera conmigo en cuanto a sus anhelos espirituales y emocionales, yo no podía fingir que había sido un perfecto santo desde el día de nuestra boda. Tuve que admitir delante de Shannon, de mí mismo y de Dios que mi apetito de estimulación visual me había llevado por algunos caminos que tampoco me enorgullecían. Por fortuna, Shannon comprendió y me otorgó la misma gracia por el ser humano que yo estaba tratando de ofrecerle.

No mucho después de correr estos riesgos emocionales del uno para con el otro, nos fuimos juntos a un retiro, sin otro programa más que pasar tiempo con el Señor y el uno con el otro. Entonces nos dimos cuenta, por primera vez, de la nueva y profunda conexión apasionada mientras hacíamos el amor que Shannon mencionó antes. Invitamos a Dios a nuestro dormitorio a propósito y, como resultado, descubrimos una de las mejores sensaciones que puedo imaginar de este lado del cielo. Sabíamos todo el uno del otro (lo bueno, lo malo y lo feo), pero nos amábamos con cada fibra de nuestro ser. Ninguna pareja debería dejar de experimentar esta clase de intimidad genuina. Es eufórica por completo y sanadora de manera increíble para el alma humana.

Cuando corremos riesgos emocionales e inspiramos a nuestros esposos a que hagan lo mismo, podemos encontrarnos en conversaciones o situaciones donde tendremos que desviar nuestra atención por completo hacia el acto del perdón: tanto en el de recibirlo como en el de darlo.

Perdona y pide perdón con rapidez

No permitas que el pecado pasado te intimide y te haga vivir en la vergüenza y en la desconexión sexual. Todos tenemos nuestras propias luchas que son únicas (ya sean espirituales, mentales, emocionales o físicas). Los esposos y las esposas deben aprender a librar batallas *juntos* en lugar de permitir que estas creen una conmoción en la relación. La clave para combatir juntos en lugar de luchar uno contra el otro es ser sincero con uno mismo y con el otro, perdonándose de manera pródiga, cubriéndose la espalda de manera mutua y alentándose el uno al otro hacia la victoria. Cuando experimentas tentaciones abrumadoras que representan una amenaza para la unidad matrimonial, ¿quién otro mejor para pedir rendición de cuentas que la persona que tiene un interés personal en la habilidad que tengas para sobreponerte a ese problema?

Es cierto que al quitarte la máscara, corres el riesgo de perder el respeto de tu esposo si él no puede comprender tu lucha o si se lo toma muy a pecho. Con todo, también puedes ganarte su respeto y llegar a niveles de conexión espiritual y de intimidad sexual más profundos cuando ya no tienes que fingir ser alguien que no eres. Saber que Greg es consciente de todas las cosas feas de mi pasado, pero que sigue a mi lado en el presente y desea un futuro juntos, me da una gran sensación de seguridad. También me hace desear darle el regalo de mi cuerpo como una expresión de mi amor hacia él.

Aunque estamos tratando el tema del perdón, quiero referirme a otro que a menudo sale a la luz en las situaciones de terapia matrimonial. Algunas mujeres admiten que les guardan rencor a sus esposos por haberlas seducido para tener relaciones sexuales antes de casarse, y algunas usan este dolor para justificar el hecho de que son amantes muy poco entusiastas. Parece que arrastran mentalmente a una víctima que les resulta una carga y un impedimento. Con el riesgo de parecer insensible, algunas veces les pregunto a estas mujeres (de manera muy amable): «¿Tu esposo te *violó* antes de casarte? ¿Te puso un revólver en la cabeza? Si de verdad lo hubieras querido, ¿hubieras podido salir de la situación?».

Algunas responden: «¡Pero le dije que era débil en esta esfera y que necesitaba que él fuera fuerte!». Avance informativo: *Todos debemos asumir la responsabilidad por nuestras debilidades y acciones.* ¿Qué clase de muchacho excitado en lo sexual no sentirá una tentación abrumadora de poseer a una mujer que le anuncia jadeando: «Si se trata de relación sexual, soy muy débil. ¡Ayúdame!»? *Sí, claro.* ¿Y quién estaba allí para ayudarlo a *él* a resistirte a *ti*? Una mujer con voluntad débil puede ser la piedra de tropiezo incluso para el hombre más fuerte.

No estoy diciendo que tu esposo no tenga que asumir la responsabilidad por sus acciones. Tal vez te deba una disculpa, pero quizá tú también le debas una. Para bailar el tango hacen falta dos, y no te retiraste de la danza antes de que se produjera una caída peligrosa. Libera a tu esposo perdonándolo por cualquier falta de discreción que tuviera durante la relación prematrimonial. Luego, perdónate a ti misma por tu propia falta de discreción. Al hacerlo, los dos pueden quedar libres de los dolorosos recuerdos de los errores sexuales del pasado y aprender a celebrar las libertades sexuales que ahora pueden disfrutar como pareja casada.

Antes de cerrar nuestra discusión acerca de las conexiones espirituales y emocionales, quiero dejar en claro un último punto: uno de los actos más espiritualmente sagrados de adoración en el que pueden participar un esposo y una esposa es tener una conducta sexual el uno para con el otro.

Reconoce la santidad de la relación sexual

Como señalamos en el capítulo 5, una parte vital de nuestro ministerio en el matrimonio es satisfacer las necesidades del otro, incluyendo las sexuales. Sin embargo, cierto número de esposos que respondió a mis preguntas acerca de qué hacen las esposas para que los corazones de sus esposos se enfríen, dijo que ellas ven la relación sexual como algo secular, como un acto mundano en lugar de verlo como un acto sagrado de adoración. A continuación, tenemos dos respuestas que reflejan lo que dijeron muchos esposos.

Víctor, casado hace dieciocho años, dijo:

> Mi esposa pasa todo el día atendiendo las necesidades de los demás y ayudando a la gente de diversas maneras, y me encanta esta cualidad que tiene. Es una maestra que ayuda a los niños a que mejoren sus habilidades de lectura; canta en el coro de la iglesia; trabaja en el comité del ministerio femenino y es voluntaria en el departamento de la Escuela Dominical para niños. Sin embargo, cuando viene a la cama por la noche, a través de su lenguaje corporal interpreto que me dice: «No me queda nada para ti, así que, por favor, no me lo pidas». Si sugiero que leamos la Biblia, que hagamos un devocional o que oremos juntos, le parece bien, porque esas cosas le parecen espirituales y dignas de su tiempo y energía, pero no ve que exista ningún beneficio espiritual en satisfacer mis necesidades sexuales. Cuando se encuentra tan atareada ministrando a todos menos a mí, me siento como su última prioridad, y hace que me resienta contra ella.

Ted escribió:

> Quiere que ore con ella y con los niños todas las noches. Me gusta hacerlo, porque significa mucho para ella y para nuestra familia. Aun así, cuando me dice (ya sea con muchas palabras o mediante sus acciones) que piensa que quiero tener relaciones sexuales con demasiada frecuencia, me hace sentir como si fuera un pervertido. ¿Por qué las mujeres no pueden entender que la relación sexual es tan importante para un hombre como la conversación lo es para una mujer?

Varios esposos dijeron que sus esposas parecen seleccionar los versículos de las Escrituras que obedecerán. A estas esposas les gustan los que dicen «ama a tu prójimo» y «esposos, amen a sus esposas, así como Cristo amó a la iglesia», pero casi siempre pasan por alto la segunda mitad del versículo: «El hombre debe satisfacer los derechos conyugales de su esposa, y lo mismo la esposa hacia su esposo» (1 Corintios 7:3, LBD) y «La mujer que se casa deja de reservarse por entero los derechos sobre su cuerpo, porque este pertenece también a su esposo» (versículo 4, LBD). Estos esposos expresan frustración y es comprensible. Después de todo, la intimidad sexual es idea de Dios, no es algo sucio ni mundano. La intimidad sexual, de acuerdo con el diseño de Dios, es la manera más poderosa en la que dos seres humanos se pueden conectar. Cuando un esposo y una esposa se juntan y se vuelven uno a través de la intimidad sexual en la presencia de Dios, reflejan la naturaleza de la Trinidad. Cuando las parejas ven la relación sexual como algo sagrado, puede convertirse en un maravilloso acto de adoración.

Una vez, un inconverso me oyó decir esto mientras hablaba acerca de la relación sexual y el matrimonio. Me interrumpió y gritó: «¡Entonces, tal vez los cristianos deberían quedarse en sus casas y tener relaciones sexuales los domingos por la mañana!». Creo que lo dejé helado con mi respuesta cuando le contesté: «Si eso es lo que hace falta para que un hombre y una mujer tengan la oportunidad de establecer una conexión espiritual en el dormitorio, creo que Dios quedará satisfecho». Por supuesto, lo que quise decir es que la adoración que tiene lugar en nuestro dormitorio mientras estamos desnudos y sin sentir vergüenza, según el plan de Dios para el matrimonio, es tan santa como la que ofrecemos cuando estamos sentados en un banco con la mejor ropa de domingo.

No me entiendas mal. Es admirable que una mujer participe en forma activa en su iglesia local. Es bueno que ponga manos a la obra en las vidas de sus hijos, que cumpla con varias tareas y responsabilidades sociales y que tenga una profesión si así lo decide. No obstante, si la combinación de todas estas cosas hace que no tengas energía para la intimidad sexual con tu esposo, estás demasiado ocupada. Piensa en reducir las horas de oficina o en dejar uno o dos comités de la iglesia de modo que puedas dedicar más tiempo y tener más energía para velar por las necesidades sexuales de tu esposo. La relación sexual no es un acto secular al que le damos un espacio en medio de nuestras actividades espirituales. Es una de las actividades espirituales más importantes que existen, y solo tú puedes cumplir, por derecho, esa función. La esposa es el único ser humano sobre el planeta al que Dios le ha ordenado que satisfaga las necesidades sexuales de su esposo. ¡Qué oportunidad única se nos ha dado de velar por nuestros esposos de una manera tan poderosa!

Por supuesto, nuestros esposos no serán los únicos que se beneficien. Fíjate en el siguiente fragmento del libro *No se trata de mí,* de Max Lucado:

> De acuerdo con el plan de Dios, la relación sexual nutre el alma. Considera su plan. Dos hijos de Dios hacen un pacto el uno con el otro. Inutilizan los asientos de eyección. Queman el puente que conduce de regreso a la casa de mamá. Se abrazan bajo el dosel de la bendición de Dios, rodeados por la elevada cerca de la fidelidad. Ambos saben que el otro estará allí por la mañana. Ambos saben que el otro se quedará aunque la piel se arrugue y el vigor se desvanezca. Cada uno le da privilegios exclusivos al otro que son «solo para tus ojos». La culpa no existe. La lujuria indisciplinada no existe. Lo que queda es la celebración de la permanencia, un momento tierno en el que el cuerpo continúa lo que ya han comenzado la mente y el alma. Un momento en el que «el hombre y la mujer estaban desnudos, pero ninguno de los dos sentía vergüenza» (Génesis 2:25).
>
> Esta clase de relación sexual honra a Dios. Y esta clase de relación sexual satisface a los hijos de Dios. Hace varios años, *USA Today* publicó un artículo con esta introducción: «Muy bien, llámenlo la venganza de las damas de la iglesia». Sigmund Freud dijo que sufren de una «neurosis obsesiva» acompañada de culpa, emociones reprimidas y sexualidad reprimida. La ex comedianta de *Saturday Night Live,* Dana Carvey, las satirizó como mojigatas tensas que creen que la relación sexual es sucia en lo absoluto. Sin embargo, varios importantes estudios de investigación muestran que las damas de iglesia (y los hombres que duermen con ellas) se encuentran entre las personas más satisfechas en lo sexual sobre la faz de la tierra. Parece que los investigadores de la Universidad de Chicago piensan así. Hace varios años, cuando publicaron los resultados de la encuesta de la relación sexual más «exhaustiva y sólida en lo metodológico» que jamás se

> haya realizado, informaron que las mujeres religiosas experimentaban niveles significativamente más altos de satisfacción sexual que las mujeres que no eran religiosas[1].

¿Entendiste? *Las mujeres religiosas están más satisfechas sexualmente que las que no lo son.* Creo que esto es así, porque cuando el componente espiritual de nuestra sexualidad es saludable, sentimos la libertad de experimentar con mayor plenitud el componente físico. Es evidente que Marian también ha llegado a creer en esta teoría. Nos cuenta:

> Solía disfrutar de la relación sexual con mi esposo de vez en cuando, pero la mayor parte de las veces solo cumplía con las formalidades y, por lo general, después me sentía culpable. No me criaron para ser cristiana, pero me criaron para ser una «buena niña», y tenía la mentalidad de que no era apropiado que una mujer disfrutara de la relación sexual como lo hace un hombre. Por fortuna, una amiga nos invitó a una conferencia de *Family Life* donde oímos hablar a Dan Allender acerca de cómo el Creador diseñó la relación sexual para que la disfrutemos y que participar de las relaciones sexuales era, en realidad, un acto de adoración a Dios. Aunque en ese momento no estaba muy interesada en tener relaciones sexuales con mayor continuidad, estaba muy interesada en adorar a Dios con toda la frecuencia y con todo el entusiasmo que fuera posible. Entonces, respondí con mayor calidez a los avances de mi esposo y hasta comencé a iniciar la relación. Este cambio en el paradigma sexual ha traído como resultado un nivel mucho más profundo de pasión de lo que jamás hubiera podido imaginar, en la relación con mi esposo, en la relación con el Señor y hasta en la aceptación de mí misma. Dicho en pocas palabras, soy una mujer mucho más feliz y más satisfecha.

Marian ha aprendido muchos de los secretos de convertirse en una amante entusiasta y satisfecha.

¿Te gustaría sentirte mucho más feliz en la vida? ¿Te gustaría experimentar una plenitud mayor? ¿Te gustaría sentir una conexión mucho más profunda con tu esposo y con Dios? Espero que sí. No obstante, por si acaso existen algunos asuntos pendientes que todavía te impiden convertirte en una amante entusiasta, exploremos algunas de las preguntas ardientes más comunes acerca de la intimidad sexual en el matrimonio.

las preguntas candentes de él y de ella

Mientras trabajábamos en este libro durante la primavera de 2005, Greg y yo dirigimos una actividad con la ayuda de nuestra iglesia local llamada *Lleva tu matrimonio a la cima: Conferencia sobre la relación sexual y la unidad.* Cuarenta y cuatro parejas, entre las edades de principios de los veinte años hasta finales de los sesenta y con un espectro en duración de matrimonio que iba desde los cuatro meses hasta los cuarenta y dos años, asistieron a la actividad. La conferencia consistía de cuatro sesiones que se concentraban en la intimidad espiritual, emocional, mental y física. Durante la misma, repartimos fichas y alentamos a los individuos a que escribieran en forma anónima cualquier pregunta que tuvieran con respecto a la intimidad sexual, pero que temieran hacerla en público, y que luego las responderíamos al cierre de la sesión.

Varias de esas preguntas fueron tan dolorosamente sinceras y tan representativas de las luchas a las que se enfrentan muchos hombres y mujeres cristianos que decidí abordarlas en este libro. Sin embargo, antes de entrar en las preguntas y respuestas, te contaré brevemente las seis preguntas que usé como filtros para discernir lo que está bien y lo que no está bien en el dormitorio. Las tres primeras preguntas provienen de *Temas de Intimidad* de Linda Dillow y Lorraine Pintus[1];

las últimas tres provienen de mi compañero en la serie «La batalla», Stephen Arterburn.

1. *¿Lo prohíbe la Escritura?* Si no fuera así, podemos suponer que está permitido. «Todo me está permitido» (1 Corintios 6:12).

   Dillow y Pintus buscaron desde el Génesis hasta el Apocalipsis para descubrir todo lo que Dios dice acerca del comportamiento sexual. Llegaron a la conclusión de que la Escritura prohíbe los siguientes actos sexuales:

   Fornicación: relación sexual inmoral de la que participan dos personas fuera del matrimonio

   Adulterio: relación sexual con alguien que no es tu cónyuge (Jesús expandió esta definición en Mateo 5:28 y no solo incluyó los actos físicos, sino los emocionales y los mentales)

   Homosexualidad: relación sexual con alguien del mismo sexo

   Impureza: corrupción debido a una forma de vida secular o pagana

   Orgías: relaciones sexuales con más de una persona a la vez

   Prostitución: dinero que se recibe a cambio de actos sexuales

   Pasiones lujuriosas: deseos sexuales desenfrenados e indiscriminados por hombres o mujeres que no sean tu compañero en el matrimonio

   Sodomía: relación sexual entre dos varones (en el uso contemporáneo, el término se usa a menudo para describir el acto sexual anal entre un hombre y una mujer, pero este no es el uso bíblico de la palabra)

   Obscenidades y bromas groseras: comentarios sexuales inapropiados dichos en un ambiente público

   Incesto: relación sexual con familiares

2. *¿Es beneficioso para la relación?* ¿La práctica daña de cualquier manera al esposo o a la esposa u obstaculiza la relación sexual? Si es así, se debería rechazar. «"Todo me está permitido, pero no todo es para mi bien"» (1 Corintios 6:12).

3. *¿Involucra a otra persona?* Dios aprueba la actividad sexual solo para el esposo y la esposa. Si una práctica sexual le da participación a otro o se convierte en algo público, está mal, basándose en Hebreos 13:4, que nos advierte que mantengamos el lecho matrimonial sin mancilla.
4. ¿Tu cónyuge *conoce* el acto? Deberíamos abstenernos de actos sexuales que debemos realizar en secreto.
5. ¿Tu cónyuge *aprueba* el acto? Deberíamos abstenernos de actos sexuales que no apruebe nuestro cónyuge.
6. ¿Hace *participar* a tu cónyuge? Deberíamos abstenernos de actos sexuales que no hagan participar a nuestro cónyuge.

En las páginas siguientes es probable que reconozcas cómo usamos estas preguntas como un filtro a través del cual pasamos por el tamiz lo que creemos que es verdad bíblica acerca de asuntos sexuales. Comenzaremos con algunas de las preguntas que hicieron los hombres, luego contaremos las preguntas candentes que hicieron las mujeres en forma anónima.

Las preguntas candentes de él

¿Está bien que una mujer se estimule con la mano para alcanzar el orgasmo durante la relación sexual? Esto me parece muy bien, pero a mi esposa le preocupa que tocarse pueda ser pecaminoso.

Existe una gran diferencia entre tocarte a ti misma mientras tienes intimidad con tu esposo y tocarte a ti misma en privado con el propósito de excitarte sexualmente en forma independiente sin tu compañero. Utilizando nuestro filtro de seis preguntas, consideremos cada uno de estos actos.

Filtro	Estimulación propia con tu pareja matrimonial	Masturbación solitaria
¿Lo prohíbe la Escritura?	La Biblia nunca se refiere en forma negativa a la estimulación sexual dentro del matrimonio.	Lee 1 Tesalonicenses 4:3-5; Hebreos 13:4; Colosenses 3:5-6; Efesios 5:3
¿Es beneficioso para la relación?	Si a ambos cónyuges les parece que es aceptable y placentero.	No, porque crea separación y alimenta el secreto.
¿Involucra a otra persona?	No.	Aunque la respuesta sería no si estuvieras pensando en tu esposo, la respuesta sería sí cuando tus fantasías sexuales durante la masturbación tuvieran que ver con algún otro que no fuera tu esposo. De acuerdo con Mateo 5:28, tales fantasías son pecaminosas.
¿Tu cónyuge conoce el acto?	Sí.	No.
¿Tu cónyuge aprueba el acto?	En este caso, sí.	En la mayoría de los casos, no.
¿Hace participar a tu cónyuge?	Sí.	No.

A algunos individuos les resulta excitante observar a su cónyuge estimulándose sexualmente como parte del juego sexual. Una vez más, creo que no hay problema y que la Escritura no lo prohíbe siempre y cuando tu cónyuge lo sepa, lo apruebe y participe de este acto.

¿Hay veces en las que la masturbación está bien, por ejemplo, si existe un tiempo cuando es imposible estar juntos?

Algunas parejas casadas deben vivir separados durante períodos prolongados, como en el caso de los que prestan servicio militar o los que se encuentran en largos viajes de negocios. Si te encuentras en esta situación, conversa con antelación cómo manejarás cualquier tensión sexual que puedan experimentar alguno de los dos durante la ausencia. Por ejemplo, si uno de los dos viaja de semana en semana, pueden decidir que guardar los apetitos sexuales para el momento del reencuentro sería lo mejor para la relación (después de todo, la ausencia hace que el corazón se vuelva cada vez más cariñoso, ¿no es así?). No obstante, si la separación puede durar varias semanas o incluso meses, un esposo o una esposa tal vez decida que la masturbación puede ser la mejor manera de mantener sus apetitos sexuales a raya para no desviarse de su matrimonio. Si se opta por este acuerdo, si los dos acceden y si cada uno concentra sus fantasías mentales en su compañero matrimonial, pueden estar seguros de que esta excepción a la regla de «nada de masturbación solitaria» no tiene nada de inaceptable ni inadecuado. Por supuesto, esto no es más que nuestra opinión, así que te instamos a que busques el consejo del Espíritu Santo si te encuentras en esta situación.

Mi esposa no puede tener relaciones sexuales por razones de salud. ¿Puede recomendar otras maneras aceptables en las que podamos tener contacto sexual? Es decir, ¿el coito es la única forma adecuada de expresión sexual entre un esposo y su esposa?

Aunque es importante disfrutar de la relación sexual solo de acuerdo con el plan de Dios y evitar los actos prohibidos en la Escritura y mencionados con anterioridad en este capítulo, las parejas no tienen necesidad de ser legalistas en cuanto a lo que es adecuado en el dormitorio entre el esposo y la esposa. A pesar de que algunos cristianos dicen en broma que la única manera apropiada de tener relaciones sexuales es con la luz apagada y la posición misionera, no tienen una base bíblica para esta posición. (¡Juego de palabras deliberado!) Asimismo, algunos cristianos creen que el acto sexual oral también es un acto impuro, pero esta opinión no tiene base bíblica. Es más, Cantares tiene numerosas referencias a placeres orales y no condena el acto de ninguna manera.

Siempre y cuando una posición o técnica sexual no sea ofensiva para ninguno de los cónyuges y sea placentera, está bien si pasa con éxito la prueba de las seis preguntas: ¿Lo prohíbe la Escritura? ¿Es beneficiosa para la relación? ¿Se limita a las parejas casadas? ¿Tu cónyuge conoce y aprueba el acto? ¿Hace participar a tu cónyuge y los une a los dos en lugar de separarlos? Cualquier expresión sexual es aceptable siempre y cuando satisfaga con éxito estos criterios.

¿Cómo trata un esposo a una mujer que entra al matrimonio con estos mitos: la relación sexual es mala, es pecaminoso que una mujer disfrute de la relación sexual y solo una prostituta inicia la relación sexual?

Con mucha paciencia. Es lamentable que muchos de nosotros crezcamos oyendo «las chicas buenas no deben», y es difícil ponerse un anillo de boda en el dedo y cambiar la mentalidad a «¡las chicas buenas deben!». No obstante, si en tu matrimonio esto te causa problema, te recomendamos que realicen juntos un estudio de Cantares. El pastor Tommy Nelson de *Denton Bible Church* tiene una serie de lecturas exhaustivas acerca de Cantares muy aclamada y que se pueden pedir en línea en www.thesongofsolomon.com. *Intimacy Ignited*, escrito por Linda y Jody Dillow, y Lorraine y Peter Pintus, también es un gran material que puede darle realce a tu conocimiento de Cantares. Un estudio cuidadoso de la Escritura revelará que Dios creó el placer sexual para que las parejas casadas lo disfruten sin inhibición ni culpa.

Recuerda que, casi siempre, esta mentalidad la adoptan mujeres cuyos padres han tenido una relación muy disfuncional o que fueron víctimas de abuso sexual en la niñez. Cuando es así, una esposa debería ver a un terapeuta profesional en busca de ayuda, a fin de tratar con las causas profundas del porqué la relación sexual saludable dentro del matrimonio no es una propuesta atractiva.

¿Está mal que una mujer le ofrezca favores sexuales a su esposo como soborno para lograr que haga las cosas que quiere?

Como hemos visto, la relación sexual puede ser un poderoso recurso, y aunque algunos esposos pueden disfrutar de esta clase de sobornos, nunca fue la intención de Dios que se use para manipular a alguien. Para tener una relación saludable, una esposa necesita ofrecer relación sexual sin condiciones, por amor y compromiso, en lugar de usarla como un medio de negociación.

Una posible razón para explicar esta dinámica es que cuando una mujer es soltera y es la novia, tiene cierto poder sobre un hombre. Ella sabe: *Tengo algo que quieres y yo decidiré cuándo puedes conseguirlo.* Al retener la relación sexual hasta la luna de miel, usa su poder sexual de una manera beneficiosa y pura. Sin embargo, luego de intercambiar los votos, debe cambiar esta mentalidad. Debe adoptar esta idea: *Tengo algo que quieres y, como te amo y me he comprometido a ser tu esposa y tu única fuente de satisfacción sexual, puedes tenerla cuando quieras.* Por supuesto, no me refiero a ser un felpudo sexual pisoteado sin ninguna preocupación por las necesidades de la mujer o los límites personales. Solo digo que la relación sexual debe ofrecerse de manera gratuita en el matrimonio, no debe usarse como soborno.

Las preguntas candentes de ella

¿Cuánta información (o detalles) acerca de mis relaciones anteriores debo contarle a mi esposo?

Es mejor hablar de este asunto antes de la boda para que no haya secretos oscuros ni sorpresas inesperadas para ninguna de las partes una vez que te encamines hacia el altar. Sin embargo, aun cuando hayamos sido sinceras acerca de nuestro pasado antes de la boda, algunas veces una conciencia culpable puede carcomernos y hacer que nos preguntemos: *¿Podrá amarme en serio si sabe toda la verdad acerca de lo que hice en el pasado?*

A los pocos meses de casarnos, esta pregunta turbaba mis pensamientos. Aunque Greg sabía que no era virgen cuando nos casamos y que tuve varios compañeros sexuales, me preguntaba si sería posible que permaneciera comprometido conmigo si supiera la realidad de cuántas relaciones sexuales tuve. Hice una lista de cada relación que pude recordar y luego me acerqué a Greg con la lista, con un corazón apesadumbrado y lágrimas en los ojos. Me dijo: «Puedes decirme lo que necesites decir para limpiar tu conciencia, pero no hay nada que sienta la necesidad de saber. No me casé contigo por lo que solías ser, sino por lo que eres hoy y por lo que Dios quiere que seas en el futuro. No hay nada en lo absoluto en esa lista que pueda hacer que te ame menos».

Espero que tu esposo tenga una respuesta similar, pero si expresa el deseo de no conocer nada más que tu arrepentimiento por los errores pasados, no necesitas darle nombres, lugares, posiciones, ni actos específicos. Esta clase de información solo sirve para crear nuevos traumas en su mente, en especial si te encuentras con esas personas, regresas a esos lugares o si practican juntos esos actos específicos. Ten en mente esta pauta: no es necesario confesar los detalles, solo se debe confesar el pecado. Todo lo que debes decirle es que pecaste sexualmente antes de conocerlo. La única persona que debe conocer los detalles debería ser un consejero que te ayude a procesar el porqué de tus errores pasados de modo que puedas evitar volver a cometerlos en el futuro.

A mi esposo no parece interesarle tener relaciones sexuales con mucha frecuencia o no tenerlas en modo alguno. ¿Qué anda mal?

Los terapeutas informan que cada vez ven más casos de la libido masculina deprimida[2]. Si a un hombre casado no le interesa tener relaciones sexuales con su esposa, hay uno o más de los siguientes problemas detrás de su desinterés.

- Cuando un hombre entra en la década de los cuarenta, los cincuenta y más allá, casi siempre disminuye su libido sexual, pero no disminuye por completo. Si no es lo bastante anciano como para necesitar asistencia médica, es probable que esta no sea la causa principal.
- Es posible que reciba el alivio sexual fuera de la relación matrimonial, por ejemplo, mediante la pornografía y la masturbación o a través de una aventura amorosa. No hay modo de saberlo con seguridad a menos que le preguntes y que te dé una respuesta sincera, o a menos que lo descubras en el acto. Si esta confesión o descubrimiento tiene lugar, recomendamos de manera enfática que juntos busquen terapia si él está dispuesto. Si no lo está, busca consejo por tu cuenta para que te ayuden a manejar tus sentimientos y a examinar las opciones que tienes en

cuanto a cuál debe ser tu respuesta a sus acciones. También recomiendo que leas *Corazones restaurados* mientras buscas la sanidad para el dolor que te ha causado lo que, sin duda, se siente como rechazo sexual.

* Es muy probable que tu esposo esté experimentando un desequilibrio hormonal, una producción pobre de testosterona o una disfunción eréctil. Aliéntalo a que consulte a un médico en cuanto a la disminución de su impulso sexual y a que se entere de cuáles son los medicamentos que pueden ayudar a remediar el problema, en especial si la falta de relación sexual se está convirtiendo en un problema para cualquiera de los dos.
* ¿Has experimentado fluctuaciones importantes en tu peso o en tu apariencia física desde que te casaste? En ese caso, es probable que esté luchando con una falta de deseo sexual debido a esos cambios. Aunque sea doloroso escuchar que nuestro exceso de peso puede disminuir el impulso sexual de nuestro esposo, debemos recordar que Dios creó a los hombres con una estimulación visual. Por lo tanto, el apetito sexual de tu esposo está muy ligado a las imágenes que recibe a través de sus ojos. Eso no quiere decir que las esposas deben parecerse a las muñecas Barbie ni a las súper modelos, pero no podemos descuidarnos por completo y esperar que nuestros esposos se sientan tan atraídos sexualmente hacia nosotras como cuando teníamos un peso saludable y nos sentíamos más cómodas con nuestros cuerpos.

No me refiero a dos ni cinco kilos vanidosos que hayas ganado desde la boda. Así es la vida. Es normal que una mujer aumente unos dos kilos por cada década de su vida una vez que llega a la etapa adulta. Me refiero al exceso de peso que haría que un médico se preocupara por tu salud. Por lo tanto, no te aterrorices por algunos kilos de más, pero trata de no cargarlos sin necesidad. Este exceso malsano de peso no es bueno para ti ni para tu relación.

Las mujeres no son las únicas que necesitan sentirse a salvo, seguras y conectadas en lo emocional para sentirse excitadas en el aspecto sexual. Lo mismo les sucede a los hombres. Como señalamos en la tercera parte, si una esposa rechaza o critica a su esposo una y otra vez, apagará la llama de la pasión que siente hacia ella. El correo electrónico de Bill ilustra esta verdad:

> En mi relación con mi esposa, Lidia, la mayoría de las veces siento que en nuestra «danza» está más interesada en el control que en la unidad, lo cual es devastador. Me siento como su marioneta y esto causa estragos en nuestra relación. ¿Cómo continúo buscando la unidad con ella si la unidad conmigo no es algo que esté dentro de su programa?
>
> La segunda esfera me resulta muy confusa. En realidad, Lidia tiene un apetito sexual mayor que el mío. Aunque hemos tenido algunas relaciones sexuales maravillosas, algunas veces mi falta de participación o de técnicas en el juego amoroso han hecho que Lidia se ponga furiosa. En más de una ocasión se ha burlado de mí por tener un pene corto. Todo esto hace que la idea de tener relaciones sexuales con mi esposa resulte una propuesta arriesgada que desinfla mi confianza con la misma frecuencia con que la estimula, y me hace sentir humillado y castrado. En el pasado, me ha exigido que lea libros acerca del juego amoroso y de la relación sexual (lo que he hecho) y que tome más la iniciativa en la relación sexual... que sea más erótico con lo que me pongo, con la manera en que me siento, hablo o camino.
>
> Un médico descubrió que mi nivel de testosterona es muy bajo para mi edad (no sabemos por qué, ¿será estrés?). Comencé a tomar testosterona para levantar el nivel. Aunque eso ha tenido el efecto de elevar la necesidad de eyacular, ha tenido un efecto limitado en aumentar el deseo sexual que siento hacia Lidia. No hemos tenido relaciones sexuales durante algunos meses. Hasta me ha amenazado con tener relaciones sexuales con otro si no tengo un mejor rendimiento y lo hago con mayor frecuencia. He tratado de contarle el impacto que todo esto ha tenido sobre mí y

> sobre la motivación que tengo para buscarla sexualmente, pero ella rechaza la culpa y se niega a ver su parte en todo esto.

Las palabras de Ray también confirman que muchas veces hay problemas emocionales que desalientan la pasión sexual de un esposo. En su correo electrónico dice:

> Por supuesto, quiero tener una conexión sexual apasionada con mi esposa tanto como lo desea cualquier hombre, pero se necesita algo más que un poquito de estimulación física para resarcir el daño que ella me causa antes de poder irnos a la cama por la noche. Por lo general, la «crítica constructiva» de mi esposa es todo menos constructiva. Sus expectativas son tan irrealistas que ningún hombre podría vivir de acuerdo con sus normas. Usa la Biblia como un arma en contra de lo que percibe como mis defectos. Cuando le propongo que oremos juntos, siente la necesidad de orar en voz alta (es obvio que tanto para Dios como para mí) por mis muchas debilidades.
>
> Las mujeres suponen que nuestros corazones y nuestros penes están hechos de acero y se desconectan por completo el uno del otro, pero no es así. Al hombre le puede resultar tan difícil excitarse con una mujer que le enfría el corazón como a la mujer le resulta difícil estar dispuesta en lo sexual cuando no siente una conexión íntima con su esposo. Se ha hecho mucho énfasis en las diferencias que existen entre los hombres y las mujeres, pero en realidad no somos tan diferentes cuando se trata de la necesidad de sentirnos apreciados y aprobados para sentir excitación sexual.

Ray tiene razón. La intimidad sexual es mucho más que el coito. El placer físico debería ser el postre que se disfruta luego del aperitivo del aprecio, la entrada del aliento, el amor incondicional y el plato adicional del respeto. Cualquier hombre hambriento de estas cosas y al que solo se le dé el postre, con el tiempo se convertirá en un esposo desnutrido.

¿Tiene algo de malo que no pueda tener un orgasmo durante el coito, sino que debo tener acto sexual oral o el toque de las manos de mi esposo? ¿Cómo hago para que se sienta bien con esta situación? La expectativa que tiene de que debería tener un orgasmo durante el coito, casi siempre me ha llevado a no lograrlo.

Si tu esposo no es consciente de las complejidades de la anatomía femenina, no lo culpes. Muchas mujeres ni siquiera conocen sus propios cuerpos y, como resultado, muchas nunca han experimentado un orgasmo.

Durante años, la gente se tragó la teoría de Sigmund Freud de que existen dos clases de orgasmos, el *vaginal* y el del *clítoris*, y que el centro del orgasmo de una mujer debería trasladarse del clítoris a la vagina para cuando madura y entra en la adultez. Como resultado, muchos creyeron que las mujeres eran anormales desde el punto de vista físico o psicológico si no podían alcanzar el orgasmo a través del coito vaginal.

Sin embargo, en la década de 1960, la investigación de Masters y Johnson disipó las teorías de Freud. Casi todos los expertos contemporáneos están de acuerdo en que el orgasmo femenino es el resultado directo o indirecto de la estimulación del clítoris, ya sea con la mano o la boca del esposo, con algún elemento para aumentar la estimulación sexual o de manera indirecta durante ciertas posiciones en el coito[3]. El clítoris es la parte sexual más sensible del cuerpo femenino, así como la cabeza o la punta del pene es la parte sexual más sensible del cuerpo masculino. El único propósito del clítoris es proporcionarle placer sexual a la mujer, así que si sientes la necesidad de estimulación en el clítoris para llegar al orgasmo, debes sentir que eres normal en lo absoluto.

Si has estado fingiendo que tienes orgasmos, espero que la información que se encuentra en este libro (junto con la información en cualquier otro libro acerca de la sexualidad saludable o con las visitas a sexólogos, si fuera necesario) quite la necesidad de esta tentación. Aunque lo estés fingiendo para proteger los sentimientos de tu esposo, la deshonestidad y la frustración sexual que vienen como resultado, disminuyen la unidad y la satisfacción que Dios desea que disfruten ustedes dos.

¿Está bien usar un vibrador para alcanzar el orgasmo mientras hago el amor con mi esposo?

Esta es una pregunta que he evitado en libros anteriores porque puede ser un tema muy divisivo entre los cristianos (algunos piensan con firmeza que es perfectamente aceptable, mientras que otros se oponen con vehemencia). Sin embargo, debido a la numerosa cantidad de correos electrónicos que he recibido en los que se me hace esta misma pregunta, creo que merece una respuesta.

En primer lugar, hagamos una diferenciación entre aparato para ayuda *matrimonial* y aparato para *masturbación*. Creo que no está bien usar un vibrador como una ayuda para masturbarse, lo cual es un acto solitario, porque el propósito de Dios para nuestro placer sexual es que lo experimentemos *con* nuestro compañero matrimonial, no separado de él. Sin embargo, creo que es aceptable que una pareja use un vibrador para que la esposa alcance el orgasmo.

Pasemos esta pregunta por el filtro del tamiz de nuestras seis preguntas. *¿Lo prohíbe la Escritura?* No ¿Es beneficioso para la relación? Si los dos están de acuerdo por completo con respecto a su uso, sí. *¿Involucra a otra persona?* No. *¿El cónyuge conoce el acto, lo aprueba y participa de él?* Sí, sí y sí.

Basándonos en las respuestas a las preguntas de este filtro, creo que el uso de un vibrador es una forma perfectamente aceptable de placer sexual mutuo. Sin embargo, si tú o tu cónyuge no se sienten cómodos con la idea de usarlo, no se debería usar.

¿Por qué los hombres no pueden estar acurrucados junto a nosotras sin la expectativa de que terminaremos teniendo relaciones sexuales?

Esta es una de las quejas más comunes que escucho de las mujeres. Le pregunté a Greg cómo respondería esta pregunta, y esto es lo que me dijo:

> A la mujer que hiciera esta pregunta le diría dos cosas. En primer lugar, recuerda que tu esposo quiere tener relaciones sexuales porque le resultas atractiva, entonces, ¡tómalo como un cumplido! Quiere tener intimidad contigo. La erección es una señal innegable de ese hecho.
>
> En segundo lugar, si agitas un bistec recién asado frente a la cara de un hombre muerto de hambre, querrá comerlo.

> No obstante, si agitas el mismo bistec delante de un hombre que está bien alimentado, no tendrá ningún deseo de darle un mordisco siquiera. En otras palabras, si tu esposo es un hombre que está relativamente satisfecho en el aspecto sexual (lo que quiere decir que no rechazas sus avances sexuales con mucha frecuencia), tiene toda la capacidad para «acurrucarse y nada más». Entonces, si a cada momento se está preguntando cuándo obtendrá la relación sexual de su esposa, estar «solo acurrucado» puede ser una tortura.

Greg ha demostrado la validez de esta observación a lo largo de los años que han pasado. Cuanto más disponible estoy para él en el aspecto sexual, más disponible está él en el aspecto emocional para cosas como «acurrucarse y nada más».

Sigue el aprendizaje en cuanto a tu relación sexual

Las diez preguntas «de él y de ella» tratadas en este capítulo no representan más que una simple fracción de las preguntas que hace la gente acerca de la sexualidad humana. La sexualidad es un tema tan complejo que podríamos aprender cosas nuevas todos los días de nuestra vida y, aun así, nunca comprenderíamos todo lo que se puede saber al respecto. Por lo tanto, sigue aprendiendo acerca de la sexualidad y sigan creciendo juntos en su relación sexual.

Tal vez tengan algunas preguntas candentes propias. Si es así, busquen respuesta a esas preguntas, ya sea a través de otros libros cristianos, de un consejero profesional cristiano de su zona (que, una vez más, pueden localizar llamando al 1-800-NEW-LIFE), o hablando como pareja con su pastor (sí, los pastores son seres sexuados también). Casi siempre, pienso en la intimidad sexual como un regalo que «sigues dando», porque es maravilloso descubrir nuevas posiciones, nuevas sensaciones y nuevas fantasías en cuanto a cómo puedes satisfacer los sueños más alocados de tu pareja.

Si los esposos tienen actitudes abiertas, la relación sexual no tiene por qué volverse aburrida ni parecer otra tarea más. Puede ser una forma excitante e ingeniosa de comunicación expresiva que proporciona intimidad, placer, bienestar y aceptación.

cuando usamos bien los botones

El primer auto nuevo que compré tenía un botón en el tablero que decía Crucero. Una amiga me dijo que si presionaba ese botón cuando el auto llegaba a cierta velocidad, continuaría en forma automática a la misma velocidad una vez que quitara el pie del acelerador. (Lo que no me dijo es que también debía presionar el botón que decía *Set*).

Seguí sus instrucciones al pie de la letra... y el botón de velocidad crucero no funcionó. Lo intenté una y otra vez, y aun así no tuve suerte. Entonces, llevé el auto al lugar en el que lo compré y dije: «¡Este control de velocidad crucero no funciona! Presiono el botón, saco el pie del acelerador y el auto aminora la marcha». No andaba en velocidad crucero en absoluto. Lo único que hacía era mover los pedales. Sin embargo, cuando aprendí a presionar *Set*... ¡eso sí que estuvo bueno! Nunca más tuve que mover los pedales.

El matrimonio se parece mucho a mi primer auto nuevo. Tiene un potencial muy prometedor, pero debemos oprimir todos los botones apropiados para obtener su máxima satisfacción. Si no aprendemos a satisfacer las necesidades de nuestros esposos (inspirándolos a que satisfagan las nuestras también), lo más probable es que nos volvamos autocomplacientes o egoístas. La energía que vertemos en nuestras relaciones y que recibimos de ellas irán disminuyendo poco a poco con el paso de los años.

Espero que, a esta altura, sepas que no tiene por qué ser así, y que al leer este libro hayas descubierto los «botones» que te ayudarán a comenzar a andar a velocidad crucero hacia la felicidad matrimonial que una vez tuviste o con la cual soñaron siempre los dos. Creo que es importante que de vez en cuando nos acordemos de lo que *no* debemos hacer, a fin de no extinguir la llama de la pasión, y lo que *podemos* hacer para encender el gozo y la pasión. Lo he resumido en los cuadros de las páginas 186 y 187.

Tengo una última palabra de sabiduría que me gustaría dejarte. Si tu deseo es tener el amor, la confianza, el respeto y la pasión incondicionales de tu esposo, haz lo que puedas para aligerar su carga.

Aligera su carga

¿Recuerdas la gran derrota aplastante sobre la que escribí al comienzo de este libro? Estaba considerando la posibilidad de abandonar a Greg y a nuestros dos niños en busca del amor que creía merecer, cuando entre lágrimas exclamé: «¡No puedes satisfacer mis necesidades emocionales!». Sin embargo, Greg vio más allá de mi debilidad, comprendió mis necesidades genuinas y respondió con sinceridad: «Shannon, tienes una cantidad de necesidades emocionales tan grande como el Gran Cañón del Colorado, y aunque todos los hombres de Dallas hicieran hilera en tu puerta para pasar tiempo contigo, ¡no sería suficiente! *Hasta que no busques a Dios para que satisfaga tus necesidades emocionales*, no hay nada que yo, ni ningún otro hombre del planeta pueda hacer para satisfacerte».

Aunque algunas mujeres hubieran podido tomar esto como un gran insulto y se hubieran ido de la casa, reconocí la verdad que encerraba esta declaración. Con toda sinceridad, fue un verdadero alivio escucharlo. Les había dado a muchos hombres la oportunidad de satisfacer mis necesidades emocionales, y la idea de que Dios pudiera satisfacerlas me dio un atisbo de esperanza. A instancias de Greg, comencé a ver un terapeuta y empecé un viaje para descubrir un nivel más profundo de intimidad y satisfacción en mi relación con Jesucristo. Descubrí que Dios no es solo un ser espiritual lejano ni una figura paterna que está en el cielo, sino que es el amante apasionado de mi alma que sacrificó la vida de su Hijo para que podamos estar juntos en la eternidad. También aprendí que no puedo poner la carga de la responsabilidad sobre los hombros de mi esposo para que sea mi todo en todo lo emocional. Solo Dios puede soportar esa carga.

Impedimentos mentales y físicos de la intimidad	Propulsores mentales y físicos de la intimidad
• ser una compañera reacia	• ser una compañera acogedora
• dar contra la pared (permitir que tus sentimientos manden y rechazar sus avances sexuales)	• escalar la pared (responder a sus avances y saber que tus sentimientos aparecerán pronto)
• inhibición (esconder tu cuerpo por vergüenza)	• exhibición (estimular visualmente a tu esposo)
• estar obsesionada por tu peso o tu figura	• sentirte bien contigo misma y con tu atractivo sexual
• falta de decisión (posponer la relación sexual indefinidamente)	• iniciativa (buscarlo en lo sexual más vale antes que tarde)
• relación sexual bombilla (energías sexuales distraídas)	• relación sexual láser (energías sexuales concentradas)

Kathleen también ha aprendido que esto es verdad. Escribe:

> Algunas veces, me siento muy frustrada cuando me parece que mi esposo y yo nos encontramos en un punto muerto, pero entonces Dios me concede un amor hacia Brian que me ayuda a verlo más allá de las circunstancias. La diferencia se encuentra en si me concentro en mí o en Dios. He descubierto que cuando estoy en medio de los devocionales diarios, tengo mucha más capacidad para concentrarme en Dios y para permitirle que satisfaga mis necesidades sin esperar a cada momento que Brian sea todo para mí. Esta es la clase de persona que quiero ser. Quiero que Brian se vea inundado por mi amor, no solo

por mi apariencia, sino por mi carácter interior. Quiero que esté orgulloso de su esposa temerosa de Dios, fuerte, sabia, fiel y que lo apoya. Quiero que la gente me vea con Brian y piense: *¡Vaya! ¡Qué tipo tan afortunado!*

Impedimentos emocionales y espirituales de la intimidad	Propulsores emocionales y espirituales de la intimidad
• la relación sexual como medio de unidad	• la relación sexual como una respuesta a la unidad
• esconderse detrás de máscaras	• desnudarse de manera espiritual y emocional
• exigir intimidad	• inspirar intimidad
• manifestar un espíritu de rechazo	• manifestar un espíritu de aceptación
• infligir culpa o aferrarse a ella	• perdonarse a sí mismo y perdonar a los demás
• considerar la relación sexual como un acto mundano	• reconocer que la relación sexual es un acto sagrado de adoración

Julie, de la cual oímos en el capítulo 12, también nos cuenta cómo aprendió a poner su esperanza en Cristo para recibir la satisfacción suprema en lugar de ponerla en su esposo.

> Transcurridos seis años de mi segundo matrimonio, mi vida es muy diferente a la de antes. Aunque mi segundo esposo es un compañero mucho mejor para mí, todavía existen esos días en los que el matrimonio podría ser una verdadera desilusión si contara con él para ser feliz o para que llenara los hoyos (*y siempre habrá hoyos* en esta vida). En esos días, ahora cuento con Jesús para que sea mi esposo verdadero y perfecto. ¿Cómo lo hago? Recurro a

Él a través de la Palabra y la oración íntima (le escribo mis oraciones), a fin de lograr absorber su amor incondicional y satisfactorio hacia mí. Su amor llena los hoyos, algunas veces me deja loca de gozo, siempre suaviza mi corazón ansioso, puedo contar con Él y nunca me desilusiona.

Cuando me siento amada así, puedo demostrarle el amor asombroso y milagroso de Dios a mi compañero, aun cuando piense que está actuando de una manera antipática. Puedo dar aunque no me den. Puedo «ser Jesús» para el hombre con el que comparto la vida. Puedo darle gracia aun cuando no la «merezca». Además, lo mejor de todo es que he quitado toda la presión de los hombros de mi esposo terrenal para que me haga feliz.

Al crecer mi relación con Jesús, he tomado conciencia de cómo me corteja sin cesar con cosas como atardeceres impresionantes, con campos llenos de flores silvestres de todos colores, imponentes tormentas con relámpagos y una asombrosa creatividad en los animales y la naturaleza. Se preocupa por *todo* lo que yo me preocupo, incluso cuando no lo haga mi compañero. Es fuerte y seguro cuando me desilusiona mi compañero. Está a mi lado cuando ningún otro está. ¡*Esa* es la clase de amor en la que puedo poner mi esperanza!

Cuando ponemos nuestra esperanza en el inagotable amor de Jesucristo y vivimos de acuerdo con los perfectos lineamentos de Dios para el matrimonio, todo nuestro mundo puede cambiar para mejor.

Un mundo nuevo por completo

Aunque he dado grandes pasos a lo largo de los últimos dieciséis años de matrimonio, todavía aspiro a poner en práctica de manera sistemática muchos de los principios que se encuentran en este libro. Todavía tengo mucho por mejorar para hacer que Greg se sienta cuidado y amado por el maravilloso esposo, padre y ser humano que es.

Lo más probable es que en tu matrimonio también haya lugar para mejoras. Si estás de acuerdo, no quiero que te sientas culpable ni condenada por cómo has fracasado en ser la esposa que deseas ser en realidad. Ninguna de nosotras ha sido la esposa perfecta, ni tampoco lo seremos, ni siquiera luego de leer un libro como este. Sin embargo, espero que este libro te haya inspirado en algunos sentidos prácticos para evitar que el corazón de tu esposo se enfríe, que te haya demostrado cómo puedes encender su fuego otra vez y te haya mostrado cómo puedes echar leña al fuego de su amor por ti.

Si podemos aprender a encender el gozo y la pasión que tanto los esposos como las esposas desean en el matrimonio, imagina el efecto que esto tendrá no solo en nuestras familias, sino en la sociedad en su totalidad. Habría mucho menos estrés y una sensación de paz mucho mayor en nuestros hogares. Las tasas de divorcio bajarían de manera drástica. Los hijos crecerían en hogares con sus dos padres con la seguridad de saber que mamá y papá se aman de verdad. Como resultado, no se verían tan tentados a recurrir a las pandillas, a las drogas, al alcohol, a los cortes, ni a otras actividades dolorosas y abrumadoras. Los jóvenes verían que la relación sexual es algo que vale la pena esperar hasta el matrimonio porque los adultos son un modelo de relaciones saludables, felices y llenas de pasión. Como resultado, los embarazos prematrimoniales y las tasas de aborto se reducirían y las enfermedades de transmisión sexual serían una preocupación social y económica mucho menor.

Estos principios son la mejor manera de proteger a los matrimonios contra las aventuras amorosas y el divorcio, la mejor manera para que las familias vivan en armonía los unos con los otros y la mejor manera de que los hijos crezcan en hogares donde puedan aprender a respetar, a amar y a valorar a los demás, incluyendo algún día a sus propios cónyuges.

Si podemos adoptar estos principios y luchar por aplicarlos, si podemos pasarlos a generaciones futuras, seremos capaces de inspirar a todo un nuevo mundo donde sea más maravilloso vivir; un mundo donde el matrimonio vuelva a ser una institución sagrada y celebrada, donde los hijos puedan sentirse seguros y donde el profuso amor de Cristo sea evidente en nuestros corazones y en nuestros hogares.

notas

Capítulo 1

1. Amy Alkon, «Ask the Advice Goddess», *Dallas Morning News*, 25 de octubre de 2004.

Capítulo 2

1. Diane Passno, *Feminism: Mystique or Mistake?*, Tyndale, Wheaton, IL, 2000, pp. 7-8, 20-21.
2. Laura Schlessinger, *Cómo cuidar y tener contento al esposo*, Editorial Rayo-HarperCollins Publishers, Nueva York, 2005, pp. 53-54 (del original en inglés).
3. Buró Federal de Investigación, «*Crime in the United States, 2003*», Asesinato por relación, figura 2.4, www.fbi.gov/ucr/cius_03/pdf/03sec2.pdf.
4. Schlessinger, *Cómo cuidar y tener contento al esposo*, pp. 99-100 (del original en inglés).

Capítulo 3

1. T. Miracle, A. Miracle, y R. Baumeister, *Human Sexuality: Meeting Your Basic Needs*, Prentice Hall, Upper Saddle River, NJ, 2003, p. 465.

Capítulo 4

1. Gary Thomas, *Matrimonio sagrado*, Editorial Vida, Miami, FL, 2005, pp. 96-97 (del original en inglés).
2. C.S. Lewis, *Cristianismo y nada más*, Editorial Caribe, Miami, FL, 1977, p. 119.

Capítulo 5

1. Schlessinger, *Cómo cuidar y tener contento al esposo*, p. 21 (del original en inglés).

Capítulo 6

1. «Nearly One in Three U.S. Adults in a Committed Relationship Has Lied to His or Her Partner About Spending Habits, New Survey Finds», encuesta que encargaron www.lawyers.com y *Redbook,* Nueva York, Nueva York, 11 de octubre de 2005, publicación, www.lawyers.com/lawyers/G~1029924-LDS/RED BOOK+SURVEY.html.

Capítulo 11

1. Robert Schuller, *Cómo cultivar buenas actitudes: Ocho actitudes positivas para ser feliz*, Editorial Peniel, Miami, FL, 2003, pp. 199-200 (del original en inglés).
2. Malcolm Gladwell, *Blink: Inteligencia intuitiva*, FonoLibro Inc., Nueva York, 2007, p. 206 (del original en inglés).
3. Schlessinger, *Cómo cuidar y tener contento al esposo*, p. 64 (del original en inglés).

Capítulo 12

1. Shaunti Feldhahn, *Solo para mujeres: Lo que necesitas saber sobre la vida íntima de los hombres*, Editorial Unilit, Miami, 2006, pp. 20-21.
2. Feldhahn, *Solo para mujeres*, p. 24.
3. Feldhahn, *Solo para mujeres*, pp. 21-23.
4. Dr. John Gray, *Men, Women and Relationships*, HarperCollins, Toronto, Canadá, 1993, pp. 68-69.
5. Estas descripciones de las personalidades se tomaron de «Servants By Design Inventory». Para mayor información, visita www.youruniquedesign.com.

Capítulo 13

1. Randy Fujishin, *Gifs from the Heart*, Acada, San Francisco, 1998, pp. 87-88.

2. Tom y Nan Haygood, *Under the Umbrella: Improving Your Communication Skills*, autoedición del Dr. B. Thomas Haygood, Haygood and Associates Counseling Office, 1401 WSW Loop 323, Tyler, TX 75701, p. 9.
3. Fujishin, *Heart*, p. 93.

Capítulo 15

1. Feldhahn, *Solo para mujeres*, pp. 77-78, 81.
2. John Eldredge, *Salvaje de corazón*, Editorial Caribe, Inc., Nashville, TN, 2003, p. 211.

Capítulo 16

1. Fred y Brenda Stoeker, *Corazones restaurados*, Editorial Unilit, Miami, FL, 2005, pp. 62-63; 69-70.

Capítulo 17

1. Max Lucado, *No se trata de mí*, Casa Creación, Lake Mary, FL, 2004, pp. 114-5 (del original en inglés).

Capítulo 18

1. Adaptado de *Temas de intimidad*, de Linda Dillow y Lorraine Pintus, Grupo Nelson, Nashville, TN, 2007, pp. 199-201, 203-204 (del original en inglés).
2. Lorraine Ali y Lisa Miller, «The Secret Lives of Wives», *Newsweek*, 12 de julio de 2004, p. 3, www.msnbc.msn.com/id/5360418/site/newsweek.
3. Miracle y otros, *Sexuality*, pp. 92-93.

De la serie: «La batalla de cada...»

La batalla de cada hombre

La guía que todo hombre necesita para ganar la guerra de la tentación sexual, una victoria a la vez.

- Producto 495256
- ISBN 978-0-7899-0749-3

La batalla de cada mujer

Descubre el plan de Dios para la plenitud sexual y emocional en tu vida.

- Producto 496750
- ISBN 978-0-7899-1161-2

Unilit®
PUBLICAMOS PARA CAMBIAR VIDAS
www.editorialunilit.com

De la serie: «La batalla de cada...»

◀ La batalla de cada hombre joven

¿Cómo puede cualquier hombre joven permanecer puro en el mundo real de la tentación sexual?

- Producto 497567
- ISBN 978-0-7899-1075-2

La batalla de cada mujer joven ▶

Protege tu mente, tu corazón y tu cuerpo en un mundo saturado de sexualidad.

- Producto 496793
- ISBN 978-0-7899-1329-6

www.editorialunilit.com